何兆武
思想文化随笔

从身份到契约

何兆武谈哲学

何兆武 / 著

学林出版社

自 述 *

我原籍湖南岳阳，1921年9月生于北京。1937年7月抗日战争全面爆发时就读北京师范大学附属中学高中一年级；9月全家间道南返故乡，在长沙中央大学附属中学（由南京迁校）；1939年入西南联合大学；1943年毕业于西南联大历史系；1943年至1946年读清华大学（西南联大）研究生。

毕业后，按时间顺序，我基本的简历如下：1946年至1949年任中国台湾"建国中学"、湖南第十一中学教师；1949年至1950年于华北人民革命大学政治研究院毕业；1950年至1952年任北京图书馆编目员；1952年至1956年任西安师范学院历史系讲师；1956年至1986年任中国科学院（中国社会科学院）历史研

---

* 本文原载《世纪学人自述》（北京：北京十月文艺出版社，2000年），收入本书，编者略有修改。

究所助理研究员、研究员；1986年后任清华大学文化研究所教授。

在学术交流方面，1980年任中美文化交流委员会中方访问美国学者；1984年任美国哥伦比亚大学鲁斯基金访问教授；1986年至1987年任中国社会科学院世界史研究所特约研究员；1993年至1995年任德国马堡大学客座教授。

我自己幼儿时正值军阀混战，但北洋军阀统治时期仍给我留下了深刻的印象——它和后来的国民党统治时期有很大的不同——有些印象至今难忘。其后做小学生时又值"北伐"和"九一八"事变，"九一八"事变以后无日不在危城之中。上中学时，全民抗日战争爆发，随后是不断的颠沛流离。上大学时是"欧战"，继而是太平洋战争的爆发。读研究生时，第二次世界大战结束。或许是由于自幼在古老的北京城里生活所培育的思古之幽情和连年战乱所引发的对人类历史和命运的感触和思索，使我选择了历史作为专业。

求学时期许多师友的启发，以及虽在战时却仍然相当丰富的图书与便利的阅读条件，容许我经历了相当长的一段难忘的时光。在物质生活极其艰苦之时，却往往能得到精神上无比的启蒙之乐。

当时的校园没有严格的组织纪律，它给了学生们很大的自由度，可以自由转系、自由旁听，不同专业和不同年级的同学共同生活在一起。我自己曾前后转过四个系，曾旁听过吴宓先生的"欧洲文学史"和"文学与人生"，沈从文先生的"中国小说"，陈福田先生的"西洋小说"，张奚若先生的"西洋政治思想史"和"近代西洋政治思想史"，刘文典先生的"温李诗"，冯至先生的"浮士德"，汤用彤先生的"大陆理性主义"和其他的课程和讲演。这些都不是我的必修课和选修课。同学好友中王浩和郑林生都曾对我的思想有过很大的影响。他们的专业我虽然一窍不通，但他们的谈话和思路每每给我以极大的启发。在专业上，噶邦福老师（J.J.Gapanovitch）则是引导我对历史哲学感兴趣的指路人。

新中国成立后，自20世纪50年代至20世纪80年代我参加了侯外庐先生领导的中国思想史研究班子，作为他的助手工作了30年。

我认为侯先生的最大优点和特点是决不把思想史讲成是思想本身独立的历史，即不是从思想到思想，而是把思想首先当成是现实生活的产物，然后才是它从前人的思想储备库中汲取某些资料、方法和智慧。这本来也是马克思主义最根本的原则之所在，即存在决定意识，而不是意识决定存在。然而20世纪60年代所风行的观点却正好反其道而行之，专门强调思想领先，把事情说成是思想在决定一切存在，历史是沿着思想所开辟的航道前进的。当时各种运动、劳动、社会活动和不务正业的各种业务接连不断，几乎占去了一个人绝大部分的时间，自己的专业也就无从谈起。

因为对西方思想史也感兴趣，所以不时也偷暇翻阅一些，这在当时被认为是"自留地"或是"地下工厂"的。偶然得到了哈布瓦赫（Halbwachs）的卢梭《社会契约论》的注释本。卢梭的书已是西方思想史上的经典著作，在中国近代史上也曾大有影响，而居然没有一个可读的中译本，更不用说注释本。于是我又找来几种名家的注释本和沃恩（Vaughan）的权威本，除了翻译本文之外，还做了些集注的工作，多年来已前后修订过三次。

近代西方思想史，我以为实际上是两大主潮的互相颉颃：一条是由笛卡尔所开辟的"以脑思维"的路线；另一条是由帕斯卡所开辟的"以心思维"的路线。后一条路线并不违反科学，帕斯卡本人就是近代最杰出的数学家和实验物理学家。

我恰好有一本布伦茨威格（Brunschvicg）的帕斯卡权威本，所以就译了他的《思想录》，并找了几种注释本，也做了一点集注和诠释的工作。在我感兴趣的历史哲学领域，我以为康德的《历史理性批判》一书，迄今仍不失为西方最深刻、最有价值的著作，所以在20世纪六七十年代把它译了出来。

20世纪70年代以后，时间较多，研究环境也较前宽松，几次出国，也接触到了一些过去未能见到的书和材料，于是又动手翻译了几部书，也写了一些文章。文章大多已收入自己的书中和文集中。

近代中国较近代西方落后了一步，所以19世纪、20世纪的中国还在补西方18世纪、19世纪的课。把历史学认同于科学，就是在思想上补19世纪实证主义的课。

我以为历史学既有其科学的一面（所以它必须服从科学而不能违反科学），又有非科学的一面（所以就不能以实验科学那种意义上的科学要求为尽历史学之能事）。

作为一门独立的学科，历史学（和人文学科）还另有其自己独特的纪律、规范和准绳（Criterion）。我希望有人能把它写出来，我自己也愿意做一点抛砖引玉的工作。

历史学研究的对象是人的活动，所以研究人性运动的轨迹（即历史）就是历史学的当然任务。人性当然包括阶级性在内，但阶级性并不能穷尽人性。善意固然是人性，恶意也是人性。"文革"对于其他专业工作者未免是一种损失，使他们失去了大量宝贵的钻研时间。但是唯独对于文科来说（如历史学、哲学、文学等），它却也是一次无比的收获，它使得我们有千载难逢的机会去体验到人性的深处。几千年全部的中国历史和在历史中所形成的人性，都以最浓缩的形式在最短的时间之内迸发出来。如果今天的历史学家不能运用这样空前的优异条件写出一部或若干部的中国史、世界史以及历史学理论、方法论、历史哲学的书来，那就未免太辜负自己所经历的时代了。

目 录

001　卢梭《论科学与艺术》

021　从身份到契约
　　　——梅因《古代法》读后感

038　激进与保守　革命与改良
　　　——读柏克《法国革命论》

046　帕斯卡与《思想录》

075　"普遍的历史观念"是怎样成为可能的
　　　——重评康德的历史哲学

107　批判的哲学与哲学的批判

117　一条通向康德体系的新路
　　　——读《论优美感与崇高感》

138　重读康德

149　关于康德的第四批判

162 康德也懂历史吗？

180 盖伦和他的《科技时代的心灵》

187 贝克尔《18世纪哲学家的天城》评序

191 论王国维的哲学思想

249 历史与理论

257 **编 后**

卢梭《论科学与艺术》*

◇ 人类本来是自由的，是平等的，人类订立契约的前提也是要保障人民作为主人的自由和平等。假如一个政权违反了这一点的话，人民有权废黜这个政权，推翻政府，这一点奠定了法国大革命的基础。

◇ 野蛮人也可以是高贵的，并不一定只有文明人才是高贵的；自然状态是美好的，并不一定只有文明的生活才是美好的，文明社会也充满了虚伪和狡诈，但是野蛮人的生活里没有这些东西，它是自然的，是淳朴的，所以卢梭提出一个口号："返于自然。"

◇ 近代中国不可避免地要走近代化和现代化，这是不可逆转的。

《论科学与艺术》是18世纪中叶法国著名启蒙思想

---

* 本文是2000年3月在清华大学的一次演讲。

家、哲学家、教育学家、文学家卢梭写的一本薄书,这其实是一篇文章,他从三个方面涉及近代化的一个根本问题,认为科学技术的进步对人类的道德并没有好处,并不是说科学技术进步了,人类的道德就更高尚更纯洁了。文章中的一些结论大概是不对的,但是他提出的一些问题非常有价值,就是近代科学的进步怎么样才能够配合人类精神文明的进步,而不是反其道而行之。

卢梭所处的时代

卢梭生于1712年,1778年去世。他所生活的18世纪是人类历史上一个非常重要的世纪。重要性体现在什么地方?

人类在地球表面上出现至少有几百万年,但是人类的文明史,也就是人类有文字记载的历史,仅仅只有5000年左右。这5000年的文明史大体上可以分为两个阶段。

第一个阶段可以叫作传统的文明史,就是从5000年以前人类有文字记载的历史到500年前,即公元1500年左右。这段历史的特点是农业文明。我们知道,有了农业才可以定居,有了定居才可能有文明。农业社会是简单的再生产，所以可以设想古代的农民生活大概几百年也不会有显著的变化（假使天下太平）。

最近500年的历史从根本上有了不同，最显著的不同表现在物质上。这500年的文明可以说是一个近代化的过程。近代化的过程也是现代化的过程。近代化和现代化，在英文里是一个词：modernization。它跟古代传统文明最大的不同就是在物质上，它是以科学技术为基础的文明社会。科学技术是不断进步的，所以我们的生活年年不同，甚至天天不同。这种变化速度是以前的文明无法比拟的，因为它的生产是扩大再生产。随着物质生活的扩大再生产，人类的思想、文化、精神面貌，相应地也要有很大的不同，我们不能用古代几千年不变的那一套文化或者思想，或者社会生活，或者风俗习惯，来适应今天的社会——按照唯物主义的基本观点，上层建筑总要适合经济基础——物质基础已经改变了，社会生活、思想、文化当然也在不断随之改变。

人类有很多民族，每个民族都有它的文明，但不是所有文明的发展都是同步的。每个民族的文明都是从没有文字到有文字的时候才开始的。可是一旦开始，众多文明的进步却各不相同，其中第一个迈入近代化的是西方社会。有几件大事可以作为近代化开始的标志：

第一件大事，就是地理大发现。1492年哥伦布发现了新大陆；1498年达·伽马发现了印度洋航路；1519—1521年，麦哲伦第一次环球航行，从此形成了真正的全球历史。过去各民族的历史基本上都是独立的，每个民族都在发展它自己的文明。比如说，中国的文明和西方的文明，不能说绝对没有接触，但是接触非常少，相互间没有什么根本性的影响。可是，今天世界上无论哪一个地点发生什么事，都会马上影响到另外一个地点。所以今天的世界越来越一体化，这应该说是从地理大发现开始的。

第二件事情，就是1517年马丁·路德的宗教改革，它标志着人类的精神从中世纪走入了近代。传统社会是一个守旧的社会，它的生活基本上是年年重复的，所以它的思想必然倾向于守旧，也是年年重复的。从某种意义上说，他们都是信仰主义者。但是近代的社会是日新月异的，近代的思想也是不断地翻新、不断地创新的。近代化的另一个标志，就是在思想上要突破传统主义。西方旧的传统是什么？就是基督教的信仰。马丁·路德的改革虽然不可能彻底——他并不否定上帝的存在，并不否定耶稣基督的存在，但是他否定了罗马天主教，罗马天主教是耶稣基督在地上的代表，他否定宗教的权威，否定信仰的权威。从某种意义上来说，这是思想上的大解放。

第三件大事,是14世纪出现的文艺复兴。文艺复兴开始时本来是学术思想的运动,但是后来就变成了不仅是个学术思想的运动,还是一个文化思想上的运动。用梁启超的话来说,是以复古求解放。复古运动是指恢复希腊古代的文明。古希腊文明跟中世纪基督教的文明有显著的不同。第一,古希腊文明重视自然科学,而中世纪是信仰的时代,鄙薄自然科学。第二,古希腊文明是非常重视现实生活的,而宗教社会鄙薄现实生活,认为现实生活是没有意义、没有价值的。第三,最重要的一点是近代科学的出现。每一个民族都有它传统的科学,但是那个科学和我们严格意义上的近代科学是不同的。恩格斯在《自然辩证法》中指出,近代科学和古代科学有所不同,古代的科学是猜测的、偶发的、天才的直觉。而近代科学则是有系统、有步骤、有方法、有目的地去追求一个真理。古代的科学结果和近代的科学结果也不一样,近代的科学可以在前人的基础上不断地进步,可是古代的科学偶尔有了发现以后,又中断了。

举个最鲜明的例子,比如说古希腊有一个哲学家也是科学家——古代哲学就是科学,科学就是哲学——叫作阿瑞斯塔科斯,就提出来太阳是宇宙的中心,地球不是宇宙的中心,那是很早很早的时候。中世纪时,人们的认识是地心说,认为地球是世界的中心,就把那个学说给否定了。一直到了哥白尼,才又重新提出日心说。近代科学开始于哥白尼的天体运行论,不过当时并没有很严谨的科学证明。一直到后来,过了一个世纪,比哥白尼晚100年出现了两位科学家,第一位就是开普勒,发现了行星运动的定律;第二位稍微晚一点就是伽利略,伽利略毕生从事实验科学,为实验科学做出了重大贡献。在这个基础上,一直到牛顿,到17世纪,最后总结了一套被称为经典或古典的科学体系。17世纪以后,在牛顿学说的基础上,出现了近代的工业。近代工业,最简单地说,就是牛顿原理的应用。

18世纪开始工业革命,从而改变了人类生产的整个面貌。工业社会跟传统农业社会最大的不同是扩大再生产,是日新月异的。工业社会极大地改变了人类的生活方式。而人类的思想、社会秩序、风俗习惯都会随之改变。近代社会的转型到19世纪完成了。19世纪以后,也就是近代化的过程完成后,西方就开始了现代化。今天又有人说现代化的过程已经完成了,于是又出现了后现代主义。

西方的近代化始于15世纪,完成于19世纪。这时,所有其余的文明的近代化都还没有开始,包括中国。中国知道牛顿原理是什么时候?是19世纪60年代,离我们现在不过100多年。那个时候,在北京有个同文馆,同文馆设有算学馆，相当于今天的数学系。算学课的总教习是浙江人李善兰，当时中国最杰出的数学家。李善兰第一个把牛顿体系介绍给中国。所以从科学的角度来说，中国真正迈入近代化的第一步是在19世纪60年代，这时西方近代化已经完成了。

在这里，我们回顾一下西方的历史背景。在古代，西方有希腊文明和随后的罗马文明，辉煌了有1000年左右。但是到了公元5世纪的时候，罗马帝国灭亡了。当时的日耳曼人——也是今天很多欧洲民族的祖先，那时他们还是野蛮人，侵入了罗马帝国。他们入侵以后，历史就进入了中世纪。到了15世纪以后经过文艺复兴和宗教改革、地理大发现，西方社会的眼界大大地扩大了。从文化领域来说，它首先出现在意大利，随后传播到北欧、德国、法国。随着地理大发现，同时也由于地中海被土耳其人截断了，经济和商业的中心从地中海转移到大西洋，因此意大利的一些城邦就衰落了，代之而起的是西欧的一些国家，特别是英国、法国、荷兰。这几个国家开始大规模地发展工商业、海外殖民，其中英国、法国是最先进的。用中国话说，这就叫"地气"转移了。

17、18世纪以后，有两个因素使得西欧的国家变得特别重要了。一个因素是经济因素。因为地理大发现以后，开辟了一个世界市场，谁占据这个最优越的地理位置谁的经济就发达，而英国和法国恰好就掌握了大西洋的航线，所以它们的经济就最发达。随着经济的发达，必然出现文化的发达。这是经济上的原因。另外还有一个政治上的原因。马克思讲过，一切神权的斗争归根结底都是世俗利益的斗争。自马丁·路德宗教改革以后，欧洲出现了各宗各派的宗教改革。这些宗教改革归根结底都是代表不同的利益。不同的阶级、阶层、集团，他们有什么样的利益，反映在思想上，就有什么样的教派。过去，西欧各国信仰天主教，即服从罗马教皇，其中心在罗马，在梵蒂冈。宗教改革以后，各国的国王成为宗教领袖，实际上教权被王权控制了。这种宗教的独立或半独立有利于它的王权的统一。本来这些国家都是封建的落后国家，有点像我国的春秋战国时期，有好几十个国家，形成了很复杂的局面。一方面有传统的贵族；但是另外一方面，有新型的、在法国叫作第三等级（第一等级是宗教贵族，第二等级是世俗贵族）的工商业者的市民阶层，因为生产的需要，他们掌握了知识和财富。这些不同的等级在政治上是不平等的，其中以第三等级的实力最强、人数最多，他们必然要求政治上的权利。这就是法国大革命爆发的根本原因（也是美国独立战争爆发的原因）。

1789年法国大革命推翻了王权，建立了共和制度，这是欧洲大陆上最重要的一件大事。它开辟了人类近代文明史的新面貌。过去的王权专制的政治形态不适合近代化的需要，所以制度一定要改，改成符合近代化需要的政治形态，或者说政治机器，而法国革命和美国革命就完成了这个任务。我上面说的就是近代化进程的一个主要线索。

卢梭的生平、活动和思想

卢梭全名是让－雅克·卢梭，瑞士日内瓦人，是法国后裔，父亲是钟表匠，属市民阶层。后来他生活在法国，所以他又是法国人，有双重国籍。卢梭既是文学家又是思想家，一生写了好几本书。晚年他写了一本《忏悔录》。

这本书有几方面的价值。首先，它的文学价值很高，因为卢梭是文学家。第二，它具有很高的史料价值，因为卢梭接触了当时文化界的很多名人，书中对这些文化名人有许多的记载。第三，这本书还记录了他自己内心深处的生活，这是别人不肯写的。《忏悔录》与自传是不同的，自传主要是讲你经历的事，而《忏悔录》要探讨你的内心深处。顺便一提，卢梭没有什么正当职业，实际上他是一个流浪汉，有时候做家庭教师；有时候给人做管家，实际上是仆人；有时给人抄乐谱，他是音乐家，写过几个歌剧。有一次，他偷了女主人的丝袋子，而且嫁祸于另一个女仆。类似这些，一般人就不提了，但他写了，还做了深刻的忏悔。这样的一些隐私的写作，使他出名。这本书不仅写了他个人，还写了当时的法国。卢梭流浪了几十年，到了中年，仍然默默无闻，属于社会下层。所以从某种意义上讲，他代表的是民间下层文化。

卢梭《论科学与艺术》及其他

在他不到 40 岁时的一天，在从巴黎近郊到市区的途中休息的时候，他发现一张旧报纸，上面刊有第戎学院的有奖征文，题目是"科学和艺术的复兴是不是有助于人类风俗的纯洁化？"科学与艺术的复兴就是指文艺复兴。自从文艺复兴以后，人类的科学和艺术有了很大的进步，可以说是大放异彩。这个征文的题目翻译成现代语言，就是物质文明的进步是否有助于精神文明的进步？

卢梭看到这个题目后，思如泉涌，下定决心要写篇文章来答复这个问题。有一个未经证实的传说，卢梭曾就这个问题去请教他的好朋友、法国百科全书派领袖狄德罗。狄德罗就问他准备怎么写，卢梭回答准备从肯定的角度去写。狄德罗就告诉他，不能做正面文章，大家都会去做正面文章，你一定要做反面文章。后来，卢梭就采纳了狄德罗的意见，做了一篇反面文章，即认为科学技术的进步对人类没有好处。我觉得，他这个著作的思想与他的其他著作的思想是一致的。我们说考据，有两种证据，一种叫外证，一种叫内证。我们可以从内证上说，这篇文章是他自己的思想。他认为科学技术的进步对人类的道德并没有好处，并不是说科学技术进步了，人类的道德就更高尚更纯洁了。

这篇文章有以下几个重要性。

第一，从卢梭本人来说，这篇文章使他一炮走红，是他发迹的开始。

第二，这篇文章从正面提出了一个自古以来就有的问题，对近代化、现代化国家来说，还是一个重要的问题。确实，近代科学技术的进步，造成社会生活的很大变化，但这种变化是不是就意味着人类的精神就更美好更纯洁了呢？这个问题是非常难回答的。我们可以说今天的人确实比过去的人在精神上更高尚了；当然，我们也可以反过来说，至少也可以说并不见得就比过去更高尚更伟大。比如说，今天小偷很多，外出要锁门，而在20世纪50年代，是不用锁门的，是不是我们的科学技术进步了几十年，我们的道德风尚也随之进步了？

第三，一个更深层的问题，就是人类所追求的幸福是什么东西？是物质享受，还是某种精神状态的满足？假如追求的是物质享受，那么科学与艺术的复兴有助于人类的进步；但是如果说幸福是一种精神状态的满足，那么我们就很难说它是进步还是退步了，或者是没有进步也没有退步。我们很难找出一个肯定的答复。而这个问题困扰了古今中外的思想家、哲学家——人生的目的是什么？追求什么样的状态？

我举中国古代最有名的两位大师的例子。一个是孔夫子。他赞美颜回："一箪食，一瓢饮，居陋室，人也不堪其忧，回也不改其乐。"颜回尽管物质生活贫困，但他的精神是快乐的，他始终享受追求精神、追求道、追求思想的生活快乐。再一个是庄子的故事。别人用机器来汲水，他反对，他还是自己去打水。为什么？操机械者必有"机心"。老子也主张返璞归真，回复到自然状态，不要那些虚假文明。卢梭的这篇文章就主要谈这一点，说人类文明的进步，特别是科学与技术的进步，都是出于一种要不得的动机，即怎样能够满足自己的物欲或利益，而这种东西并不是人类所应该追求的东西。所以他最后否定了一切科学和技术的进步。我想，否定科学和技术的进步大概是不可能的事情。

近代化是很奇怪的现象。在近代化以前，大概世界上的人都没有想到有近代化的一幕，中国人包括孔、孟、老、庄也没有想到过社会要近代化。

近代化的特点是，一旦有一个国家或民族近代化了，那么别的民族就必然也要近代化，只能走这条道路。香格里拉也好，桃花源也好，那都是诗人的幻想，都是不可能的。一个国家进入了近代化，别的国家也会进入近代化，就像一个国家有了飞机，别的国家也要有飞机一样。从物质层面来说，近代化趋势是不可抗拒的。就精神层面而言，从政治社会制度来说，大体上也要近代化。例如戊戌变法，它的目的就是要立宪，不能再搞君主专制，君主专制不符合近代化的要求。

走近代化道路，不仅要有近代科学技术，还要有与之配套的近代社会制度、政治制度。因此首先要废除君主专制，第一步要立宪，用宪法约束皇权，立宪就要设议院、开国会、选出人民代表来，政治民主化，大概这个方向也是人类共同的方向。还有精神、思想、道德、哲学层次。比如说，各个民族有各自的宗教，这些宗教大概不必统一为一个宗教。但宗教也不是一成不变的，也要随着社会的进步而变化。例如，中世纪时伽利略是被判了刑的，但前几年罗马天主教会给他平反了。所以上层建筑如宗教、思想、理论体系都要不断进步，不断发展。世界上没有任何一种科学、宗教是完全不变的，总会随着时代的进步而改变。

卢梭《论科学与艺术》这篇文章主要从三个方面涉及近代化的一个根本问题。他的结论大概是不对的，但是他提出的一些问题非常有价值，就是近代科学的进步怎么样才能够配合人类精神文明的进步，而不是反其道而行之。比如说，现在面临的生态破坏、环境污染问题，像这样继续发展的话，子孙后代都无法生活。如果把整个地球的自然平衡都破坏了，连我们自己都活不下去，那么怎样能够做到不仅考虑到自己的生活，而且考虑到子孙后代也能在一个健康的环境里成长，环保就变得非常重要，因为近代工业化对环境的破坏太厉害。

卢梭的这篇文章提出了一个过去几千年所不曾面临的问题。因为传统社会几千年来形成一套与传统社会生活相配套的思想、理论、社会风俗、习惯。现代生活日新月异，传统的那一套就不可能与现代社会生活相配套了，我们就需要有一套新的东西。这套新的东西是什么？卢梭没有给出答案，但是提出了问题。我觉得提出问题的贡献不亚于给出答案，从这个意义上讲，卢梭的这篇文章很有价值。

过了几年以后，第戎学院又提出了第二篇征文的题目"什么是人类不平等的起源和基础？"卢梭又去应征，但没有得奖。不过这次应征是他的第二篇论文，题目是《论人类不平等的起源和基础》。这篇论文里也有一些创见，最大的创见是他认为自从有了私有财产后，就有了人类的不平等的起源和基础。马克思、恩格斯总是非常赞美卢梭，说他充满辩证法。

在这两篇论文后，卢梭就开始设计一个理想的社会。每一个思想家、哲学家都有他自己的理想国。卢梭考虑了很久以后写了一本书，这就是经典的《社会契约论》。这部书在中国最早叫《民约论》。国家是什么？卢梭认为国家是人民之间订立的契约。中世纪认为君权神授，中国认为天子受命于天，西方认为王权神授；到近代社会，则发展出主权在民的学说，或者说是人民主权论。这个思想在近代最早是英国霍布斯提出的。他比卢梭早一个半世纪，是个大哲学家，还是一个机械唯物论者。他提出的理论就是契约论。这个契约论简单地说，是人类在文明社会之前，处于一种动物世界的自然状态。但这种状态是不能长久的，于是大家同意，找一个人做领袖，把权力交给他，由他来支配、统治，这样大家可以过一种平安日子。这是霍布斯最早的社会契约论。

霍布斯之后，过了半个多世纪，英国出了一个有名的哲学家洛克，他写了两部《政府论》。洛克和霍布斯的看法有些不同。他也认为在没有国家之前是处于一种自然状态，但这种自然状态是非常美好的。可惜美好的自然状态不能老维持下去，因为总有些不太美好的因素冒出来，比如总有人想损人利己，想发点财、侵害别人的利益。在这种状态下，便同意建立一种契约，建立一个国家。洛克的契约论和霍布斯的有所不同，用中国话来说，一个是性恶论，一个是性善论。卢梭的思想又与前两位有所不同。研究近代政治思想史，主要就是看这三个人的著作。

卢梭的《社会契约论》是在1761—1762年写成的，这个时候距法国大革命只有不到30年的时间。这部书在某种意义上说是法国大革命的"圣经"，也可以说是近代民主革命的"圣经"。法国大革命是近代民主革命的样板，就好像十月革命是现代社会革命的样板一样。在这个意义上说，卢梭的《社会契约论》就是给近代的民主奠定了一个理论基础。卢梭也同意过去人的说法：人类在建立国家之前是处于自然状态，但是后来人类觉得这种自然状态不能够存在了。这一点他没有交代明白，只是说人类不能够维持了，于是就立了一个契约。

他的主要思想是：人类本来是自由的，是平等的，人类订立契约的前提也是要保障人民作为主人的自由和平等。假如一个政权违反了这一点的话，人民有权废黜这个政权，推翻政府，这一点奠定了法国大革命的基础。法国的《人权宣言》和美国的《独立宣言》（现在联合国的《人权宣言》基本精神是继承了这两个宣言的），就是建立在卢梭的人民主权的理论基础上的。

到19世纪，这个理论受到实证主义的批判。实证主义的根据是什么？是历史。你说有契约，得把契约拿出来，大家什么时候订立过这个契约？当然没有这个契约，这只是个理论的假设。所以这个实证派，也叫历史学派，振振有词地说这些都是空想，根本没那么回事，人类从来就没有这样一个契约。

这个问题，我认为可以两方面同时存在，并不一定要排斥哪一个。我们说18世纪是理性主义时代，是从法理上推论，按照理性来说，应该是这样。至于事实上有没有这个契约，那是另外一回事。卢梭好像预见有人会反驳他，他在书里一开始就说，他论证的是法理，而不是事实。这就有点像婚姻法与婚姻事实之间的不同一样。

卢梭不仅是近代的启蒙大师，同时他还开辟了近代思想的另外一个主要潮流,这就是浪漫主义。18世纪是理性主义的时代。但忽略了理性以外的东西,比如说感情。卢梭第一个开辟了近代浪漫主义。本来他的第一篇论文里面就透露了这种思想:野蛮人也可以是高贵的,并不一定只有文明人才是高贵的;自然状态是美好的,并不一定只有文明的生活才是美好的,文明社会也充满了虚伪和狡诈,但是野蛮人的生活里没有这些东西,它是自然的,是淳朴的,所以卢梭提出一个口号:"返于自然。"一直到今天,这都是很重要的一个思潮。卢梭写了本小说,名字叫作《袭利亚》,又叫《新爱洛绮丝》,讲述的是一个爱情故事。卢梭在这里注重的是真挚的感情,这也是对当时上流社会虚伪的抗议。因为当时法国的上流社会里面,恋爱是非常流行的,而这个恋爱有许多虚伪的成分,都是不真实的。卢梭提出人性应该回到自然去,所以他反对这种势利的恋爱。这本书里面歌颂的是真挚的感情,这种真挚的感情后来就变成了浪漫主义的先锋。18世纪末,欧洲文艺界掀起了一个浪漫主义的潮流,当时很多了不起的作家都是浪漫主义者,比如说《少年维特之烦恼》的作者德国作家歌德即是代表。

卢梭对中国的影响

在清朝末年民主革命处于高潮的时候，中国人从日本人那里"贩运"了卢梭。当时的邹容和陈天华，都把美国的《独立宣言》、法国的《人权宣言》和卢梭的《民约论》作为法宝，视为至高无上的东西来歌颂，虽然那个时候还很少有人能真正理解卢梭。我所见到的真正第一个从正面介绍卢梭的是梁启超，他的《民约论巨子卢梭之学说》是中国第一篇介绍卢梭思想的文章。

近代中国不可避免地要走近代化和现代化，这是不可逆转的。可是究竟怎么个走法，则要看具体情况。中世纪的中国文明领先于世界，但是近代化的步子迈得晚了。在中国近代化开始的时候，中国人认为自己不如人家，不如人家船坚炮利，所以我们就得学西方的长技，就是魏源的话，"师夷长技以制夷"，这是第一步。第二步，我们认识到，光是船坚炮利不行，得有科学知识，没有科学知识，没法造这坚船利炮，所以就建立了江南制造局，还有同文馆，以发展工业和培养掌握近代科学技术的知识分子为目的。第三步，我们又认识到，光是有了这些科学知识不行，因为一个国家要近代化，社会政治体制也要随之配套，所以要变法，要维新，要改良，甚至要革命，要建立一个民主共和国。后来又发现，我们前面做的这些,就像王国维先生在清末提出来的,我们学西方都是学了皮毛,没有学习它的真正内涵。所以到"五四"时期,又进了一步,认为根本还是在文化,因此提出"德先生""赛先生"。科学和民主,大概是近代化必不可少的条件。所以在"五四"时期,卢梭也流行了一阵。今后,我想主要方向还是要走科学和民主的道路。这里也引用毛泽东的话:道路是曲折的,前途是光明的。

原载《社会科学战线》2010 年第 5 期

从身份到契约
——梅因《古代法》读后感

◇ 迄今为止,一切进步性社会的运动,都是一场"从身份到契约"的运动。

◇ 梅因就以这样一句话,概括了人类的文明史。这句话或许可以方之于杜牧的"呜呼,灭六国者,六国也,非秦也,族秦者,秦也,非天下也",马克思的"到目前为止,一切社会的历史都是阶级斗争的历史",阿克顿的"权力使人腐化,绝对权力使人绝对腐化",乃至法朗士的哲理小说所说的"(人类的历史就是)他们出生,他们受苦,他们死亡"——这些都已成为历史学中"匹夫而为万世师,一言而为天下法"的不朽名言。

◇ 这句话的意思是说:一切进步性社会的特点都是人身依附或身份统治关系的消失而让位给日益增长的个人权利与义务的关系。

近年来西方著作的大量引进,颇令人有应接不暇之感。如果说，一百年前——自海通以来——出现了第一次介绍西方思想学说的浪潮，那么近年来——自改革开放以来——出现的则可以说是第二次浪潮。这第二次浪潮的成绩是毋庸置疑的。它有助于开阔我们的眼界，深化我们的思想，提高我们的认识，使我们不致再像过去那样把自己局限于非常幼稚而简单化的阶段，用搞政治运动的办法来搞学术批判，只言片语信手拈来都可以上纲，几于呼卢为卢、喝雉成雉，其实完全是驴唇不对马嘴。记得当年"四人帮"批先验论，有一篇文章曾写道，先验论的祖师爷是康德，康德以为知识是先天就有的，不需要经验。这位批判大手笔大概对康德是一无所知。《纯粹理性批判》开宗明义就说，我们的知识都是从经验得来的。可见不研究前人只能是自甘愚昧。不过，这第二次浪潮也并非不存在问题，其间也有得有失。其失我以为在于太滥。介绍得太滥，有些翻译尤为粗制滥造。例如在韦伯热中，他那部鼎鼎大名的《新教伦理与资本主义精神》，原书泰半是注释，其论证即阐发在注释之中，有一种中译本竟把注释全行删掉。我曾问过收入本书的丛书主编：怎么能这样对待一部学术著作，居然放它通行？主编的回答是："我不懂外文。"当时使我啼笑皆非，竟无言以对。

当今西方花花世界，各种学说和理论层出不穷，花样天天翻新，但并非都禁得住时间考验。有些虽也轰动一时，但事后即成过眼云烟，再也没有人问津。就是我们国内，有些著作也难逃此命运。让我们回想一下，比如说，30年前或20年前的著作，又有多少是今天还有生命力或耐人寻味的？与其如此，为什么不把精力放在那些更有意义、更值得我们阅读和钻研的著作上呢？也许是出于自己专业的偏见，我总觉得在这第二次浪潮中，比例有点失调。对历史上重要著作的研究，比重太小了，而一些未必有多少价值的流行著作，比重又显得太大。即如刚提到的康德《纯粹理性批判》，至今就没有一个斐然可读的译本（如果有，或可不致出现上述的笑柄）；至于对他进行介绍、研究和批判的就更寥若晨星。其实，又何止康德一人。无论古代或近代，我们至今还没有一套像"人人丛书"或"近代文库"那样较完备的丛书，更不用说像"劳伯（Loeb）古典丛书"那样的学术事业了。

在这类值得我们重视的古典学术著作中，梅因（Henry Maine，1822—1888）的《古代法》理应占有一席地位。此书的全名是《古代法，它与古代社会史的联系及其与近代思想的关系》，表明它非徒是一部专门技术性的历史，而是广泛探究社会、历史、思想、文化诸多方面的一部史论，而尤注重古代思想与近代思想的关系。而在古代法中,又自然以罗马法为典范,一则因为罗马法在古代法系中最为完整并囊括了古代世界多方面的文化源流,再则也因为它对后世的无与伦比的影响。为人们所艳称的"希腊的光荣,罗马的伟大",倘若罗马的伟大不在其法制,又更在何处?梅因的主要工作是追溯罗马的以及日耳曼的、凯尔特的、印度的和斯拉夫的(印欧语系的)法制,把比较方法引入历史研究,从而在历史学中确立了比较历史学和历史法学派的地位。

梅因平生著作有六种,均系研究与阐发上述这一主题,而其中以《古代法》一书最早而又最负盛名。而此书之所以独为擅场,则端赖书中第五章结尾那句脍炙人口、传诵不衰的名句:

> 迄今为止,一切进步性社会的运动,都是一场"从身份到契约"的运动。

他就以这样一句话,概括了人类的文明史。这句话或许可以方之于杜牧的"呜呼,灭六国者,六国也,非秦也,族秦者,秦也,非天下也",马克思的"到目前为止,一切社会的历史都是阶级斗争的历史",阿克顿的"权力使人腐化,绝对权力使人绝对腐化",乃至法朗士的哲理小说所说的"(人类的历史就是)他们出生，他们受苦，他们死亡"——这些都已成为历史学中"匹夫而为万世师，一言而为天下法"的不朽名言。费沃尔（G.A.Feaver）根据一些未公开的材料写成一部梅因传，书名就题作《从身份到契约》。

这句话的意思是说：一切进步性社会的特点都是人身依附或身份统治关系的消失而让位给日益增长的个人权利与义务的关系。这就是人类文明发展史的内容和实质。恩格斯在《家庭、私有制和国家的起源》一书中曾谈到这一论点，惜乎我国学者于此似未萦心。恩格斯说："英国法学家亨利·萨·梅因说，同以前的各个时代相比，我们全部的进步就在于 from status to contract（从身份到契约），从过去流传下来的状态进到自由契约所规定的状态。"恩格斯评论这一论点说："他自以为他的这种说法是一个伟大的发现，其实这一点就它的正确性而言，在《共产党宣言》中早已说过了。"《古代法》于1861年问世，晚于《宣言》13年。恩格斯这里所谓《宣言》里已说过了的，系指其中第一节"资产者与无产者"，即封建等级制被赤裸裸的金钱关系、隐蔽的剥削被公开的剥削所代替。

梅因研究的方法特点在于，他一反自然法学派之所为，绝不就法理谈法理，而是通过社会政治的历史演变来考察法理，同时又通过法理的演变来考察社会政治历史。双方互相发明，从而把这个新学派奠定在一种崭新的历史方法基础之上。梅因的办法是从父权（Patria Podesta）或父家长权这一根本概念入手，把父权当作国家社会秩序的起源。古代法律并不知道有个人，只知道有家族；个人的存在只是自己祖先的延续，反过来又为自己的子孙所延续。所以它那所有制也是共同所有制而非个人所有制。只是罗马法受了自然法观念的影响之后，个人所有权才成为正常的所有权，而共同所有制反倒成了例外。

家庭团体逐渐扩大而转化为村社团体的痕迹，在印度、爱尔兰以及中世纪蛮族征服者的封建制度中是历历可见的。其中最重要的一点便是土地属于村社所有，而各个家庭所分配到的只是土地的使用权。贫富分化最初并不是由于土地的所有制而致，而是起源于家畜（资本 capital 一词，在字源上出于牧群 cattle）愈来愈多地集中于领袖的手中。后来随着频繁的战争和商业的发展，公共所有制遂遭到破坏，个人财产权或所有制便取而代之。与此相伴随的，便是"从身份到契约"的转变。然而这一转变，却并非是普遍的必然。我们应该注意：它只有在"进步性社会的运动"中才是实现了的。更具体地说，它只是在西欧的历史上才是实现了的。于是我们就看到梅因陷入一种难以调和的矛盾。他的原意是想指出一条普遍的规律，然而结果却是它实际上只对于一个特例有效，于是普遍的规律就变成了特殊的规律。而且就更深层的意义而言，"社会的不变乃是常态，而它的变动却是例外"，所以"从身份到契约"这种"进步性社会的运动"从根本上说就是一种例外。

有趣的是，它和当代社会学中的一派意见有相通之处。这种意见认为，人类在漫长的文明过程中逐步形成了种种习俗、信仰、伦理、生活方式和价值观念。这些传统可以很好地适应前现代化的社会。但是现代化社会的科学技术日新月异，迫使人们的一切传统都要随之而变，可是人们却又无法适应那么快速的节奏来改变自己的种种传统。于是，就出现了现代社会的一切根本弊病。照梅因看来，契约可以说是近代个人主义或近代自由观念的同义语。契约自由也就是追求个人利益的自由。这里，梅因根据历史而得出了与边沁根据理性所得出的同样的结论。契约之取代身份，也就是近代个人主义之取代传统的集体主义。这就是所谓"进步性社会的运动"。换句话说，走向身份关系乃是历史的倒退，而走向契约关系则是历史的进步。当然，工商业的发达、科学的发展、宗教迷信的消失等等，都有助于促进《进步性社会的运动》。但是构成这一过程的核心的，则是私有制的成长。梅因在他的《早期制度史》中甚至断言,不承认私有制便是"野蛮"。他把私有制看成了文明的同义语。然而作为一个历史学家,他又承认学术研究不应该对任何制度做出价值判断,它只是探讨事实的过程。这真是一个两难局面,它困扰了几乎所有19世纪的史学家。自然科学研究的对象是自然现象,自然本身是没有价值优劣可言的。所以自然科学家对自然现象无须做任何价值判断。历史学的研究对象是人世现象,它不可避免地要涉及价值判断,一个历史学家对于人总有其不可离弃的价值观。价值与事实、主与客,二者应该怎样统一,就成了头等重要的问题。梅因本人始终在这二者之间逡巡、徘徊。从身份到契约究竟是历史上一幕实然的现象呢,还是文明所应有的当然取向呢?抑或同时是这两者呢?

从"从身份到契约"还可以推导出:法典越古老,则其刑事部分就越详尽、民事部分就越简陋。换句话说,进步性社会的运动也就是民法的比重日益增加的过程。而中国法律大多为刑法,这可以表明中国的落后。凡此种种,简直有如18世纪物理学的分析学派在使用牛顿的手术刀进行操作。然而对于人文世界,我们能像对物理世界那样进行操作吗?梅因自己也不是没有意识到这种操作有着过分简单化之嫌。他曾谦逊地承认"我们认为中国文明的绝对不变,部分地是出于我们的无知"。他也承认,西方以外的世界只不过是处于"漫长的幼稚状态"而已,它们绝不是"另一种不同的成熟状态"。这就是说,各种文化的不同并非是本质的差异,只不过是发展阶段先后不同而已。西欧虽则领先,但其他民族并非注定了永远要落后。

在远古,个人并没有所谓权利和义务。所以历来契约论者之把政治的权利和义务推源于统治者和被统治者之间有一项"原始的契约",乃是完全错误的——这是历史法学派根据事实对于自然法学派所做的最有力的批判:让事实来说话,让我们看看事实是否如此。对这一点他们似乎信心十足,但事实却远非如此。这种以事实为根据的批判究竟能否成立,并不像表面上看去那么轻而易举。这个问题恐怕并不取决于事实,而是要取决于看问题的出发点。一个自然法学派可以面对着历史法学派所提出的种种事实,根本就不予考虑。他完全有理由说,他所要论证的是"当然"而不是"实然",是"道理"(理性)而不是"事实"(历史)。自然法学派的代表人物卢梭就曾明确地表态说:"我所要探讨的是人权和理性,我不要争论事实。"例如,婚姻在古代是昏夜抢劫妇女,到了近代也要讲各种条件,真正无条件的爱情大概是从来也没有的。但是在法理上我们却不能不规定婚姻必须无条件地以爱情为基础。自由、平等、民主、人权，等等，历史学派很可以根据史实来论证它们是古往今来就不曾存在过的，但是却没有一个国家的宪法能够不堂而皇之地列举这些口号作为其理论根据。这好比在一幅威尼斯画派的裸体美人面前，一位严厉的道学先生看了，一定会谴责它根本不是艺术，纯粹是腐化堕落、道德败坏。而一个威尼斯画派的崇拜者则一定不会接受这种指责，他会说，这是最美好的艺术、最高尚的意境，哪里会有什么腐化堕落和道德败坏？假如双方进行辩论，结果大概是谁也说服不了谁。人类思维史上许多争执不休的论战，是不是也有某些类似之处呢？

尽管梅因书中有许多论点不能餍足严谨的理论要求，他那整体构思之宏伟动人仍然会给读者留下深刻的印象。这方面的例子，随处可见。如他论罗马法时说："不掌握斯多葛哲学，就简直不能理解（罗马法）。"这是一个真知灼见。岂止是罗马法，不掌握斯多葛哲学，中世纪基督教也是无法理解的，因为中世纪基督教有一大部分即脱胎于斯多葛主义。而假如没有罗马法和基督教，中世纪文明就成了一片空白。梅因距今已一个多世纪了，据现代的研究，罗马法比梅因所想象、所理解的要复杂得多。梅因仅引用了有利于自己论点的材料作为根据,这当然是历史研究中的通病,虽贤者不免。今天我们回过头去看这部百年前的名著,其间的缺点和错误是显而易见的。他论述的文明只及于所谓雅利安民族,而他所谓的"进步性的社会"亦仅以雅利安为限。实则今天就连"雅利安"一词本身也都成了问题。据他说,静态(稳定)社会与进步性社会的区分,在法典时代开始后即已呈现,而作者所关注的仅是"进步性社会"。但它在人类史上显然是为数极少的,甚至就只曾出现于西欧。梅因多次提到,封建制度是日耳曼蛮族习惯与罗马法二者的混血儿,其中已注入有契约的成分,与古代纯粹源出于习惯的体制已有不同。这意味着西欧社会是"进步性的"。但梅因本人也承认这是"一个罕见的例外"。除了这个特例,在所有其他民族的历史上,总是"法律限制着文明,而不是文明发展着法律"。因为法律若要完美,就需高度稳定,所以就必须墨守成规。进步便意味着突破旧法制。因此之故,在人类历史上"静态(稳定)乃是常规,而进步恰恰是例外"。这堪称是一个目光如炬的论断,完全摆脱了19世纪流行的那种浅薄的进步信仰。但是仅凭一个特例,就能总结出"从身份到契约"的普遍公式吗?法律要求稳定、社会要求进步——矛盾就出在这里。又如,他论封建制度的长子继承制(primogenitur),认为其用意并非是要(如通常所设想的）剥夺其他诸子的继承权，而是因为分裂土地必然要使每个有关的人都受损害，但封地的巩固则使他们受益，一个家族也可因权力集中于一个人的手中而更加强大有力。我们从这些以往为人所忽略的细微之处，可以看到梅因超越前人的长处。

"从身份到契约"这句名言之享有殊荣，固然是良有以也，然而同时他另一个眼光甚至更为犀利的论点，却很少有人提及。这另一论点简单地说就是：一种制度在历史上的确立或法典化，并不标志着它的巩固，反而标志着它开始走向瓦解或衰亡。换句话说，那并不是它的成长和发达的历史，而是它被破坏、被摧毁的历史。有趣的是，自然法学派的代表卢梭也曾持有同样的见解。一旦采取了这样的透视，我们所得到的历史图像就会全然不同于流行的式样，这样才可以把我们带到历史的核心里去。一个生命从一诞生起，就在不可逆转地朝着自己的死亡前进，他不是日益茁壮，而是日渐衰颓，历史上任何一种典章制度的生命亦然。这是他的又一个真正充满着智慧的光辉论点，可惜它并未受到应有的重视和评价。历来备受人们赞赏的，独有书中的"从身份到契约"一语，故索解人正不易得。

古代罗马法的人类法（jus gentium）受斯多葛派思想影响，衍为近代自然法学派的人人平等的观念；从而个人的自然愿望就是天然合理的，从而（相对于当时既不自然又不合理的社会而言）民主制就是最自然、最合理的制度。民主制既以契约（"被治者的同意"）为基础，所以个人就有权拒绝自己所不同意的身份。然而在历史学派看来，身份乃是历史演化过程的自然产物，所以个人就无从拒绝接受社会的规定。

民主制本身不是目的，只是达到目的的一种手段。因此除非它能达到某种目的，否则即无价值。民主这东西也仿佛人要吃饭一样，是文明的必要条件而非充分条件，无之必不可，而有之却不必即可。这里面包含有一个默契的、不言而喻的假设，即人性中的美好，通过民主便可以释放出它的能量，这是人类自求多福的唯一道路。帕斯卡曾有名言"人既非天使，也非禽兽"。更准确的说法倒更可能是：人既是天使，又是禽兽。假如人性中也有禽兽性的一面，民主是否仍然是一剂灵丹妙药？反对民主的思潮，正是从反面使得民主理论得以深化的。禁欲主义固然行不通，但是反其道而行之就可能走向人欲横流。民主制在文化思想上的含义就是：怎样把禽兽转化为天使，而不是把天使转化为禽兽。两个多世纪前，卢梭就曾慨叹：要制定一部完美的立法是那么的难之又难，简直需要人民都是一群天使而后可。后来，康德修正他说：制定一部完美的立法并不需要一群天使而后可，即使是一群魔鬼也可以，只要他们有此智慧。多么深切的答案：只要他们有此智慧。智慧使人认识自己的利和害。不像圣经《创世记》所说的，认识善与恶是人类堕落的开始，反之是人类进步的基础。

反对民主的思想家们是不大相信群众的。林肯相信群众大多数终归是正确的，尼采和易卜生却相信真理总是在少数人一边。韦伯则认为政治总是由少数人决定的，那么结局便只好是孔圣人的"君子之德风，小人之德草"。诗人批评家艾略特（T.S.Eliot）认为17世纪经历了一场感性分裂，西方始终未能从那场分裂之中恢复过来。事实上，更深刻的分裂倒不如说是19世纪人文价值与客观现实之间的分裂。赞成民主与反对民主两派，都没有能解决这场分裂。梅因在哲学上是个保守派，虽然也不可避免地感染到时代的自由主义思潮，但支配他政治观点的始终是对群众根深蒂固的不信任感，因为"群众不知道什么是自己的幸福，怎样才能促进幸福"。结果便是群众专政和个人（或寡头）专政实质上并无区别（亚里士多德早就说过，民主制终会转化为独裁）。梅因认为19世纪的英国没有意识到民主制的危险，正如18世纪的法国没有意识到贵族制的危险。历史学家也是人，他的基本观点也受到个人思想、气质和偏见的左右。专业的知识和训练,对于成其为一个个人的那些前提假设是无能为力的。

在近代,中国历史发展比西方慢了一拍,故而中国所宣传和信仰的往往是西方前一个世代所流行的思想。引进和介绍也是有选择性的。例如法国大革命和天赋人权论曾在中国流行一时,而柏克(Edmund Burke, 1729—1797)那部经典性的《法国革命论》的反对革命的理论,就从未引起过中国的重视和思考。梅因的著作又是一例。这对于学术思想史的研究来说,未免是一桩憾事。如果不认真研究前人正、反两方面的论点,我们又怎么可能希望把自己提到比前人更高的水平上去呢?

最后,关于译文略赘数语。全面抗战以前,商务印书馆颇出过一批外国学术名著译本,记得当时读过的即有戴雪(A.V.Dicey)的《英宪精义》和梅因这部《古代法》,译文尚是桐城笔调,读来也颇音调铿锵,但专业内容则错误甚多。事隔多年,印象已模糊了。"文革"初期逍遥时,偷偷地读了几本书,包括梅因这个新译本在内,且系逐字逐句对照原文读的,故印象较深。新译本是语体,一些法学术语非行家莫办,如fiction译作"拟制",equity译作"衡平",等等。也有若干错误或不妥,当时曾随手记下一些,70年代末(20世纪)曾和商务印书馆副总编骆静兰小姐谈过，她说将来修订时要参考。有些错误大概是属于笔误或疏忽以及手民误植。有些则属于理解方面，其间较为突出而应该一提的是：书中多次"皇""王"不分，教皇作教王、王位作皇位、王朝作皇朝、诸王作皇帝，看来不是一般笔误，而是译者在思想上把两者混为一谈了。这就造成了不应有的内容混乱，而尤其是当论及法国史的时候。这是历史的常识：大革命前的法国是波旁王朝的王政时期，大革命后拿破仑称帝，是为帝政时期（有名的《拿破仑法典》即于此时纂成）。梅因论述王政时期与帝政时期之不同，实即革命前与革命后之不同。设想有一部书论述中华民国与中华人民共和国之不同，而译者误将"民国"与"人民共和国"混为一谈，岂非不可原谅？在作者看来，法国大革命的变化，一言以蔽之，就是"从身份到契约"的变化，亦即从人身依附、身份统治的关系转化为自由人的契约关系（不言而喻，这个自由也包括挨饿和失业的自由）。

由此联想到，译书大为不易，绝非如有人想象的只要翻字典（甚至连字典都不翻）就行。有关的专业知识是至为重要的。世上并没有资料专业，也没有翻译专业。资料和翻译只能是跟着研究走。研究什么专业，就搞哪行的资料和翻译。资料和翻译是不能脱离专业宣告独立的。我们可以有各种专家,但并没有独立的资料专家或翻译专家。目前翻译工作之所以不尽如人意,恐怕这种错误的指导思想乃是重要的原因之一。甚矣,译事之难为也,久矣,我们已不复见当年几道严先生之"信、达、雅"了。

推荐书目:

梅因著,沈景一译:《古代法》,商务印书馆,1964。

原载《读书》1991年第8期

激进与保守　革命与改良
——读柏克《法国革命论》

◇ 人类文明的进步靠的是什么？首先而且主要的是靠此前历代智慧的积累。如果不是站在前人已有的基础之上，反而把前人的成就和贡献一扫而光，人类就只好倒退到原始的野蛮状态，一切又再从零开始。

◇ 人类文明乃是历代人民智慧的结晶。没有任何个人或团体或政权有资格或有权利摧毁这座属于人类世世代代的宝库。彻底砸烂以往文化的传统，就只能是开历史的倒车，使文化又退回到原来的起点。

◇ 所谓的理性并非是包医百病的万灵丹。历史与现实生活，其内涵是如此之繁复而又包罗万象，在它的面前单纯的理性是不可能而且也无权充当至高无上的唯一裁判者的。

　　综观史乘，人类社会与人类文明的进步大抵上不外通过两条途径或者说采取两种手段，即不是革命就是改良。改良是演进（evolution），反之革命（revolution）则意味着"翻它一个底朝天"。或者说，改良是不动根本，只进行局部的小修小补，而革命则是动彻底的大手术。一个人生病就医，应该是对症下药，而并非是非动大手术不可，手术越大就越好。有的病需要动大手术，有的只需动小手术，有的甚至不需动手术乃至不需治疗就可以自行痊愈。生理的病如此，社会的病亦然。

法国大革命在世界近代史上可谓"最足以变古之道而使人心社会划然一新者"（陈独秀语）的大事。18、19世纪整个的西欧和北美，19、20世纪的中国和许多亚非拉国家都曾受到它的强大的思想影响，这是大家所熟悉的事实。18世纪末的法国大革命，正如20世纪初俄国的十月革命，产生了世界性的震撼，几乎是迫使当时每一个知识分子都必须站在它的面前亮明自己的态度：是拥护，还是反对。然而极可瞩目的是：正当大多数知识分子普遍在欢呼法国大革命的原则和理想的胜利之际，英国却有某些文人学者（有趣的是我们在当时英国浪漫诗人中看到出现了不同的政治倾向）发出了不同的声调，他们是以嘲笑、讥讽乃至谩骂的态度去反对法国大革命的。他们责难法国人只喜欢大哄大吼、大喊大叫，以空洞的口号和豪言壮语哗众取宠。而后代英国的历史学家们也纷纷喜欢援引英国历史比较平稳的发展来和法国革命风雷激荡的场景相对比：同时代的英国并没有那么多令人头晕目眩的戏剧化场面，可是英国的发展水平比起同时的邻国法国来却毫不逊色，甚而犹有过之。看来似乎把一切旧的都砸得稀巴烂，打它一个落花流水，也未必就是国家和人民之福。无论如何，仅仅从纯逻辑的角度着眼，出现一个保守主义的流派，作为对革命思潮的反弹——而尤其是在英国——就成为思想史上一幕应有的必然。而奠定这一思想流派的主要代表人和先行者，应该首推柏克。

人类文明的进步靠的是什么？首先而且主要的是靠此前历代智慧的积累。如果不是站在前人已有的基础之上，反而把前人的成就和贡献一扫而光，人类就只好倒退到原始的野蛮状态，一切又再从零开始。前人积累的智慧结晶不但包括物质文明，也包括精神文明；不但包括科技和艺术，也包括历代所形成的种种风俗、体制、礼仪、信仰、宗教崇拜、精神面貌和心灵状态等等。柏克对法国革命猛烈抨击的重点正在于这样一点：任何人都无权以革命的名义（或以任何的名义）去破坏和摧残全民族、全人类千百年的智慧所积累的精神财富。

历史上，大凡一个激烈变革和动荡的时代，总不免出现两种倾向：一种是要砸烂一切旧传统的革命倾向，一种是要维护旧传统的保守倾向。而每一派又总免不了夹杂大量的感情宣泄和意气用事,使得纯粹的学理探讨无法不为情绪化的成分所干扰。恐怕要待到时过境迁之后,人们再回首前尘往事,才能比较心平气和地进行冷静的反思。柏克此书的书名为"Reflections on the Revolution in France",按当前流行的术语亦可译作对法国大革命的"反思";但此书是在革命初起的高潮刺激之下写成的,柏克本人又是虔诚的宗教信徒,对传统文化怀着浓厚的爱戴之情,所以今天中国的读者大概很难设身处地体会作者本人当时的心态和思想感情了。然而历史上任何一种思想理论能够传之久远而历久不衰的,必定会有某些因素是诉之于人类普遍的理性思维的,因而值得我们去重视和研究。事实上,不认真研究前人的遗产,又怎么可能超越前人呢?

损之又损,撇开一切历史上的具体问题不论,柏克的保守主义理论中似乎包括有如下两点言之成理的论据是值得加以考虑的。

如前所述,一个论据是:人类文明乃是历代人民智慧的结晶。没有任何个人或团体或政权有资格或有权利摧毁这座属于人类世世代代的宝库。彻底砸烂以往文化的传统,就只能是开历史的倒车,使文化又退回到原来的起点。这样,走极端的革命恰好是走上了复古主义的老路。何况，对于历史传统我们也是彻底决裂不了的。今天的一切都是过去传统的产物。珍惜传统这份宝藏，或许要比与它宣告最彻底的决裂，可能为文明的建设和进步保留更多的元气。

另一个论据是：所谓的理性并非是包医百病的万灵丹。历史与现实生活，其内涵是如此之繁复而又包罗万象，在它的面前单纯的理性是不可能而且也无权充当至高无上的唯一裁判者的。在处理现实生活的问题时，历代经验所长期积累的智慧，其灵活性要比理性教条的独断有着更为丰富无比的效用。历史的整体绝不是单由纯粹理性的说教所构筑起来的一座大厦。你只可能精工细作对它一点一滴地进行加工，你不可能企图在一夜之间就一下子改建造出另一座美轮美奂的建筑。这里，理论便是：改良总比革命好。或者用一个现代化的术语"零碎工程"（Piecemeal eugineering）总比革命到底更为可行，也更为有效和更为有益。"试错法"（Trial and error）在自然科学中是卓有成效的方法，是不是也可以移用到政治工程或社会工程上来，让我们试一试摸着石头过河？法国大革命那一幕幕惊心动魄的演出，确实是触及人们的灵魂，它也触及柏克和柏克以降一系列思想家和历史学家们的灵魂，使他们从另一个角度得出了他们的另一种结论。

由于中国近代历史的特点，西方的革命思潮要比保护主义思想更容易为中国的读者所批准、所熟稔、所接受。但是仔细推敲一下，我们似乎也可以同样在中国的近代思想史上看到有革命与改良、激进与保守的两条脉络。从严复宣扬斯宾塞的社会进步"不能躐等说"和梁启超的"新民说"到五四新文化的实证主义与自由主义，中国近代史上确实也有一条非革命的思路，其间轨迹是历历可寻的。研究者们不妨借鉴近代西方的革命与改良之争更深一步探讨一下近代中国的理论之争。

记得威廉·詹姆士说过，哲学家或生为柏拉图或生为亚里士多德。友人周礼全先生也曾说过，两个哲学家不是一个康德派就是一个黑格尔派。是不是仿此也可以说，凡是主张进步的人也无非是两派，不是革命派就是改良派。当然，这个划分也不可以绝对化。即如戊戌一辈人，长期以来是被划归为改良主义的，并且长期以来因此而为人所诟病；但是他们变法维新的主张，却是提出了要"速变""大变"和"全变"的，那口号听来很带点激进或革命的味道。孙中山是公认的革命领袖了，但他却念念不忘忠孝仁爱的传统美德。他历来心爱的"天下为公"的口号，就是直接引自《礼运》篇的。左和右是相通的，而且是可以互相转化的。柏克本人的结论好像是在说：一切现状都是过去历史的产物。既然我们无法与过去进行最彻底的决裂，那么最好的办法就莫过于向过去汲取智慧并明智地加以利用。除谦逊地低下头来向过去的经验学习而外，我们还找不出其他更聪明的办法。

　　理想和实际、理论和实践两者之间总是有着巨大的差距的。强调两者相结合的人，首先就在理论上预先假定了两者并不是同一回事，否则的话，就无所谓相结合了。历史学者回顾一下以往每一个时代双方之间鸿沟的巨大，往往不免感慨万端；革命的崇高理论和理想（如18世纪法国启蒙学者所梦寐以求的天赋人权和理性的统治）一旦落实到现实和实践的层次上，竟会使人惘然若失有幻灭之感。一切美妙动听的言辞会变为丑恶现实的遮羞布。美国历史学家贝克尔（Carl Becker）在他的《18世纪哲学家的天城》一书中曾经说过这样的话：假如当年罗兰夫人这位法国革命的女杰能预见到她的理想落实到现实层面上便只是法兰西第三共和，她大概就不会有那么大的勇气走上断头台了。人们常喜欢说这样一句口头禅：浪漫主义与现实主义相结合，可见浪漫主义和现实主义并不是一回事。在热情激动的关头，可能浪漫主义要多一些，待到冷静思考的时刻，则可能现实主义成分就来得更多一些。柏克的保守主义思想中也不可避免地夹杂有浪漫的和现实的两种成分。其中浪漫的成分可能是随着时代的推移而逐渐褪色了,然而其中某些现实的成分却仍然有可能给后世以某些深切的启迪。

原载《博览群书》1999 年第 2 期

帕斯卡与《思想录》*

◇ 墨守古代权威的教条，绝不是追求真理的态度。

◇ 古人若是活在今天，有着今天的凭借，也会像今人一样高明。这并不是今人有什么特殊的优异，而是人类历史进步过程的自然结果。人类绵延相续，其情形正如一个永生不死的人在永远不断地进步一样。

◇ 我们不应该崇尚古人而应该崇尚真理。真理尽管是新发现，但它却比一切古人和古人的意见都更为古老。

◇ 人类的认识是不断积累的，历史是不断前进的。抱住古人教条不放的人，其实无非是今人抱住自己的利益和特权不放而已。

---

* 本文原为帕斯卡《思想录》译序及其附录，载于《思想录》（北京，商务印书馆，1985），编者经作者同意，编入本书时调整了文章结构，并修改了标题。

帕斯卡的生平和科学贡献

17世纪的法国基本上仍是一个封建农奴制的国家，但新的资本主义生产关系已经在封建制母体之内开始滋长。生产技术上的需要，在自然斗争领域向先进的科学家们提出了一系列的科学课题；意识形态上的需要，则在思想斗争领域向先进的思想家们提出了一系列的思想课题。在这两条战线上，帕斯卡都占有重要的历史地位；怀特海（A. N. Whitehead）把他列为近代思想史上最有影响的12个伟大人物之一。

帕斯卡1623年6月19日生于法国奥维涅（Auvergne）的克莱蒙 - 费朗（Clermont Ferrand）城；父亲艾基纳（Etienne Pascal）为克莱蒙城法庭庭长，以博学知名。帕斯卡8岁时，举家迁至巴黎。迁居巴黎后，艾基纳经常和当时社会上的科学家、作家和艺术家交往，也常携带帕斯卡参加各种学术集会。帕斯卡自幼生长在学术气氛浓厚的环境之中，并且受到他父亲的严格教育而没有受当时流行的经院教育；这为他后来的学术思想活动创造了有利的条件。

幼年的帕斯卡显示了他对研究自然的兴趣和卓越的才能。11岁时他写了一篇关于声学问题的论文，探讨振动体一经触摸立即停止发音的原因。这篇文章给他父亲以深刻的印象，以致父亲怕他的智慧发展过早不利于成长而中止向他教授几何学。但帕斯卡却独自钻研几何学并掌握了大量的几何学知识。1639年帕斯卡16岁时写成有名的论文《圆锥曲线论》，其中提出以他的名字命名的定理。这个帕斯卡定理，帕斯卡称为"神秘的六边形"，即圆或椭圆的任意内接六边形的三组对应边的交点是在一条直线上。《圆锥曲线论》继承并发展了数学家德札尔格（Desarques，1593—1662）的工作，引出推论400余条；笛卡尔看到后曾大为赞叹。帕斯卡就这样和笛卡尔、德札尔格一起开创了近代的几何学。从此帕斯卡在科学界崭露头角，并与当时有名的科学家和思想家笛卡尔、霍布斯、伽桑狄、德札尔格、费马（Fermat，1601—1665）、梅尔森（Mersenne，1588—1648）、罗伯瓦（Roberval，1602—1675）等人建立了联系；帕斯卡一生的科学工作和思想发展与这些人有着密切的关系。

1641年帕斯卡18岁时，开始设计计算机；他曾先后草拟过50种模型，终于根据齿轮系的转动原理制成了世界历史上第一架计算机，能够手摇进行六位数字的加减法计算。计算机制造的成功是当时国际科学上的一件大事。也是在这时候，艾基纳病中得到一个冉森（Jansenius，1585—1638）派医生的治疗，于是举家接受了冉森教义，这就是所谓帕斯卡的"第一次皈依"。

此后，帕斯卡开始从事大气压力的研究。在这个问题上，他完成了由伽利略所开始并由伽利略的弟子托里拆利（Torricelli，1608—1647）所进行的工作。空气有重量的事实至迟在1630年已经被人知道了；伽利略也知道空气是有重量的并做过测定空气重量的实验，但是他没有把水银柱的高度和大气压力联系在一起加以考察。1632年伽利略在他的著作中曾谈到抽水机只能把水抽到一定高度为止，这个命题就在理论上蕴涵了大气压力的问题，但他在思想上却仍然局限于"自然畏惧真空"的传统观念而未能对这一现象做出正确的解释。1643年托里拆利用水银柱做实验，认识到不同气候条件下气压的变化。托里拆利的实验开辟了人类流体力学研究的新时代，它决定性地证明了大气是有压力的，并且奠定了测量大气压力的基本方法。但托里拆利对气压的观念是含混的、不明确的，还没有能确定气压变化的规律。1646年，23岁的帕斯卡重复做了托里拆利的实验。帕斯卡细心研究了水银柱在各种高度不同的地方的变化，从而使气压及其变化的规律问题获得了明确的科学概念。1647年帕斯卡请他的姐夫比里埃（Perier）分别在山顶和山脚用水银柱反复进行实验，观察水银柱高度的变化。帕斯卡已确知山脚的空气要比山顶的空气浓厚，因此结论应该是水银柱的高度在高处比在低处更低，亦即气压随高度的增加而减小。1648年9月19日比里埃在奥维涅的多姆山（Puy de Dôme，海拔1400米）按照帕斯卡的设计进行了实验，实验证明在山脚和山顶水银柱的高度相差3.15英寸，使得当时在场的实验者们惊叹不已。这个实验震动了整个科学界，并且得到科学界的公认（它同时也标志着科学中心在17世纪中叶由意大利转移至西北欧）。在这个实验的基础上，帕斯卡写成他的《液体平衡论》和《大气重力论》两部著作，确立了大气压力的理论与流体静力学的基本规律。

1648年的实验是科学革命史上最动人心弦的实验之一。它是自从阿基米德以来流体静力学历史上最重要的进步，同时它也是长期以来"在普遍的革命中发展着，并且它本身便是彻底革命的"新兴学科向旧思想意识作战又一次光辉的胜利；它证明了水银柱的高度是大气压力作用的结果，从而彻底粉碎了经院哲学中"自然畏惧真空"[1]的古老教条。帕斯卡的真空实验对近代

---

[1]　恩格斯：《自然辩证法》，北京，人民出版社，1955，第6页。

思想所起的解放作用，可以和伽利略的落体实验[1]相媲美；两人同样以自己的实验打破了中世纪思想的束缚，开辟了近代实验科学和思想方法的新纪元。这一成功标志着思想领域两条路线斗争的新高潮：一条是由伽利略所开辟的近代实验科学的路线，另一条则是传统中世纪经院哲学的路线。帕斯卡就这样以其科学实验、以其通过观察与实验所总结的自然界的客观规律而有力地保卫并发展了近代实验科学的路线。

随着这一实验的成功，帕斯卡从思想方法的高度上总结出一套卓越的认识论理论。在题名为《真空论》的论文里，帕斯卡尖锐地攻击了当时"哲学上的权威"，并提出如下的论点：

（一）墨守古代权威的教条，绝不是追求真理的态度。他说："我们今天对古人的崇拜——本来在各个学科上，它都不应该具有那么大的分量的——已经到了这样的地步，竟致把他们全部思想和神话当成了神谕，竟致敢于提出新的创见来就不能没有危险，竟致一个作

---

[1] 但伽利略在比萨斜塔上以轻重不同的两个球进行落体实验从而打破了亚里士多德的教条这一长期以来广泛流传的故事，却并没有任何文献上的根据。可参见伽利略：《两大世界体系对话录》，加州大学，1953。

家的条文就足以摧毁最坚强有力的依据。"[1] 这里的"一个作家"即指亚里士多德；亚里士多德的教条在中世纪是被经院学者奉为权威的。帕斯卡坚决反对经院哲学的这种崇古风尚。他认为古人的权威只能在神学和历史学，亦即在凭启示与记述的知识领域内，才能成为根据；"但在属于感觉与推理的题目上，情形就不同了，在这里权威是毫无用处的，唯有理智才能认识它"。事实是否认不了的；因此，他的结论就是我们绝不可盲从古人与教条，一切科学真理唯有依靠实验和推理才能臻于完善，这是"科学的唯一准则"。[2]

（二）人和动物不同。动物的能力和技巧只是出于天然的需要，它们并不知其所以然，因而只能盲目地不自觉地重复。人则可以积累前人的经验，因而具有无穷的能力；积累是无止境的。古人若是活在今天，有着今天的凭借，也会像今人一样高明。这并不是今人有什么特殊的优异，而是人类历史进步过程的自然结果。人类绵延相续，其情形正如一个永生不死的人在永远不断地进步一样。崇拜古人是错误的，因为古人实际上只是婴儿。古人的知识也不应该加以蔑视，这是"因为他们

---

[1] 《真空论序》。

[2] 同上。

留给我们的知识，可以做我们自己知识的垫脚石"[1]。学习古人乃是为了超越古人，所以不应该盲从古人。今人由于积累了更多的知识而超出古人之上；"我们的见解更广"，"我们看到的比他们更多"[2]。所以，应该加以崇拜的并不是古人而是今人；可是人们却又何其颠倒："反对古人竟成了罪行，补充古人竟成了叛逆，竟仿佛古人再也没有留下来任何有待后人加以认识的真理似的。"[3] 我们不应该崇尚古人而应该崇尚真理。真理尽管是新发现，但它却比一切古人和古人的意见都更为古老。

（三）"自然畏惧真空"的教条是荒谬的。1648年的实验证明水银柱的高度是被大气压力所支持，而不是由于什么"自然畏惧真空"的缘故。帕斯卡质问道："说没有生命的物体也有感情和畏惧，说没有知觉、没有生命，甚至于不可能有生命的物体也有感情，还有什么能比这种说法更加荒谬的呢？而且，假如这种畏惧的对象果真是真空的话，那么真空又有什么可以使它们害怕的呢？还有比这更无聊、更可笑的事情吗？不仅如此，

---

[1]　《真空论序》。

[2]　同上。

[3]　同上。

假如它们体内真有逃避真空这样一条原则的话，难道说它们也有手、有脚、有肌肉、有神经吗？毫无疑问，自然本身是没有生命的，它绝不会畏惧什么真空。所谓'自然畏惧真空'，只是古人在他们当时的认识条件之下对自然所做的解释。"

这篇论文里不但包含有他非常可贵的方法论，即认识真理不能仅凭信仰与教条而须依靠理智进行观察与实验；并且也包含有他的历史进步观，即人类的认识是不断积累的，历史是不断前进的。抱住古人教条不放的人，其实无非是今人抱住自己的利益和特权不放而已。文中充满了战斗精神，对封建经学笼罩之下的顽固思想进行了严厉的批判。但同时也可以看到，虽然论文以其颂今非古的宣言打破了历来的迷信，解放了人们的思想，提出了关于科学方法的理论，因而成为17世纪思想史与科学史上的一篇里程碑式的重要宣言；然而在积极因素之外，也透露出了确凿的认识乃是不可能的这样一种消极思想的萌芽。这一思想上的矛盾在10年以后的《思想录》（*Pensées*）一书中，得到更进一步的表现。

和这个实验相联系，帕斯卡还设想了一个逆实验，即以气压计的变化来测量山的高度；这个逆实验的工作后来由法国科学家马略特（Mariotte，1620—1684）

所完成。帕斯卡又以大气压力解释虹吸现象，并发现气压的变化与气候条件有关，这对后来气象学的发展具有巨大的启蒙意义。

进行了气压实验之后，帕斯卡就转而研究液体平衡的一般规律，并发现了流体静力学最基本的原理，即封闭器内流体任何一点所受的压力以同等的强度向各个方向同样地传递，这就是有名的"帕斯卡定理"。这一定理的发现有着极大的理论上与实践上的价值，它奠定了近代流体力学的基础。

进行过一个时期的流体力学的研究，帕斯卡又回到数学工作上来。与帕斯卡同时而稍早的意大利数学家卡瓦列里（Cavalieri，1598—1647）曾经提示过三角形的面积可以用划分为无数平行直线的方法来计算。帕斯卡在这个基础上做出了重大的新贡献。他指出卡瓦列里所谓的直线实际上乃是细小的长方形，由此导致了极限与无穷小的观念。这一不朽的研究开创了近代的数学方法，为以后的微积分学扫清了道路。

此外，帕斯卡还从事多方面的科学研究与技术设计。17世纪在某些科学史著作中曾有"天才的世纪"[1]之称。还在青年时代，帕斯卡就以他的光辉的科学贡献

---

[1] 怀特海:《科学与近代世界》，伦敦，1933，第50页以下。

而厕身于17世纪的天才的行列。但"天才的世纪"的天才行列并不是凭空涌现的,它是新的资本主义生产方式刺激的结果。[1] 海外航行刺激了天文学的建立,水利工程刺激了流体力学的出现,机器的采用"对当时的大数学家来说……就是使近代力学得以创造出来的实际的支点和刺激"。[2] 没有这个社会物质基础,17世纪就不会举行近代科学的奠基礼。

帕斯卡这些丰富的科学研究工作,是在疾病不断缠绕、身体极其衰弱的情况下进行的。从18岁起,他就没有一天不在病中,24岁时又曾因中风而瘫痪。这个时期内,他和父亲与妹妹雅克琳(Jacqueline)同住在一起,受到他们两人的影响,逐渐注意思想和信仰的问题。

1651年他的父亲去世,接着妹妹又入波尔罗雅尔(Port-Royal)修道院。从这时候到1654年为止的两三年间,帕斯卡(28—31岁)独居巴黎,过着世俗生活。现存的《爱情论》一文,大多数研究者都认为是帕斯卡的著作,并且是这一世俗生活时期的作品;这篇文章全文洋溢着伊壁鸠鲁主义的精神,表明他的再

---

[1] 恩格斯:《自然辩证法》,第150页。

[2] 马克思:《资本论》,第2版,第1卷,北京,人民出版社,1963,第370页。

森主义的思想已经遭遇危机。这时,他和当时的无神论者、自由思想者、人性学者戴巴鲁(Des Barreaux,1599—1673)、米东(Miton)、默雷(Méré,1607—1684)等人交游,特别受默雷的影响;同时他又深入钻研从爱比克泰德(Epicteus,55—135?)至蒙田(Montaigne,1533—1592)等人的著作。他在科学中、在哲学中、在沉思生活中,又在世俗生活中,探求世界的真理问题和人生的幸福问题,并且往而不返地求之不倦。这一时期的世俗生活使他有机会比较深入地观察形形色色的社会生活与人世现象,从而为后来的《思想录》提供了多方面的素材。世俗生活的另一个侧面,赌博,则诱导了他着手研究概率论。[1] 帕斯卡和费马两人是概率论这一学科的创立人。据莱布尼茨说,17世纪的数学家们是从计算赌博中的机遇而开始奠定概率论的。帕斯卡的友人兼赌客的默雷提出了如下的问题:赌博进行到任何一定阶段而告中断时,其胜负的机遇应该如何计算?这个问题在当时的学者中曾轰动一时,帕斯卡就这样被引入概率论的研究。帕斯卡曾把自己的研究通知费马,两人分别得出了自己的答案。莱布尼茨于1672—1676年侨居巴黎时读到帕斯卡的研究成果,深刻地意识到这一门"新逻辑学"的重要性,并且进行

---

[1] 莱布尼茨:《人类理智新论》,英译本第2版,芝加哥,1916,第539页。

了认真的研究。继帕斯卡、费马和莱布尼茨之后，历代的数学家如惠更斯、雅各布·伯努利、德麻福、拉普拉斯等人，都曾继续研究过并发展了概率论。由帕斯卡所开创的这一学科在近代科学技术的许多部门日益获得广泛的应用，对于近代理论科学和哲学思想也有巨大的启发，它的重要的意义和价值已经为后来的科学实践所证实。

帕斯卡的世俗生活时期也是他丰富的科学创作时期。他的两篇著作《大气重力论》与《液体平衡论》均于1653年问世；次年他又完成了一系列数论和概率论的研究工作，代数学上沿用至今的有名的"帕斯卡三角形"（二项式系数的三角形排列法）就是在这一年提出的。

1654年11月23日帕斯卡乘马车遇险，两匹马均坠死巴黎塞纳河中，而帕斯卡本人却奇迹般地幸免于难。这次事故刺激他经历了一番特殊的内心经验，这就是历来某些帕斯卡研究者所称的"第二次皈依"。此后，帕斯卡即入居波尔罗雅尔修道院，终其余生全心全意地追求宇宙与人生的真理，而且是在激烈的斗争与痛苦之中追求着的。冉森派的风格是强调理智的，帕斯卡所遵循的基本路线也是理智的而非经院的，是哲学的、思考的、而非神学的、教条的。他短促一生的晚年所写的几部重要著作——1655年的《与沙西先生的谈话》，

1656—1657年的《致外省人信札》与1658年开始写作的《思想录》——都反映着这一思想特点。自从投石党被镇压之后，耶稣会在法国的活动加强了。在17世纪法国思想战线上的那场尖锐斗争中，即冉森派反抗耶稣会的理论斗争中，帕斯卡作为冉森派突出的辩护人，曾以俗人的身份前后写了18封抨击耶稣会的信。这18封信成为当时反耶稣会的教权思想统治的重要历史文献，对新兴的人文主义思想起了鼓舞作用。这部《致外省人信札》和后来的《思想录》，以其论战的锋芒和思想的深邃以及文笔的流畅隽永已经成为思想文化史上的古典著作，它们对后世有着深远的影响。

就在沉耽于哲学与宗教沉思的时期，他也没有放弃他的科学研究工作。他的《数学三角形论》经费马修订后于1665年出版，书中第一次提出了关于数学归纳法的证明方法。他晚年研究得最多和贡献最大的科学问题是旋轮线的问题。旋轮线的研究提供了17世纪由于工业技术的发展"运动和辩证法便进入了数学"的光辉例证[1]，并为后来牛顿和莱布尼茨的工作奠定了基础。旋轮线是当时数学界最有名的曲线，笛卡尔、托里拆利、费马等人都曾用心钻研过；他则解决了当时被认为是最困难的求积问题。随着这一问题的解决，他又

---

[1] 恩格斯：《自然辩证法》，第217页。

提出了一系列的其他问题向科学界挑战，惠更斯等人都参加应战，他也公布了他本人对于这些问题的解法。这些研究直接促成了微积分学的诞生。他的科学业绩曾被18世纪百科全书派的科学家达朗贝尔（D'Alembert，1717—1783）誉为阿基米德的工作与牛顿的工作两者的中间环节，这个评价基本上是符合史实的。

晚年的帕斯卡又是反对耶稣会的坚决斗士。当波尔罗雅尔几经统治当局的严厉打击已经濒于失败的关头，一些冉森派的代表人物都倾向于妥协，唯有他坚持要继续斗争。因此之故，他几乎与他的波尔罗雅尔的朋友们决裂，并且终于在痛苦与疾病之中结束了他天才而又短促的一生。1662年8月19日帕斯卡死于巴黎，享年39岁。冉森派与耶稣会的这场论战，作为一场狭隘的神学理论的争论，早已成为历史陈迹；但是他在这场论战的过程中所酝酿的某些光辉的近代思想内容和近代思想方法，却超出神学范围而为思想史留下了一份值得重视的遗产。关于他的生平活动，他的姐姐吉尔贝特（Gilberte，即比里埃夫人）曾为波尔罗雅尔版的《思想录》写过一篇帕斯卡传略[1]，读者可以参阅。

---

[1] 这篇传略在1670年波尔罗雅尔版中并没有刊登。第一次是刊登在1684年阿姆斯特丹的沃尔夫冈版上；布伦士维格编《思想录与著作集》（巴黎，1912）收入卷首。

每一个时代的哲学观点和思想方法论总是根据当时的科学成就和政治斗争总结出来的。17、18世纪的思想家，其世界观与方法论的形成几乎无一不是和他们的科学工作（而在这一历史阶段里，主要的是数理科学）紧密地联系在一起的。但是除了与他们的科学知识和科学方法相制约而外，他们的世界观和方法论又是和他们的时代特征和政治特性相制约的。帕斯卡生于神学思想统治行将崩溃但还没有崩溃的时代，所以他的理论体系里往往采用神学的思想资料；他的社会地位又是属于近代早期中等阶级的市民反对派，所以其中又不可避免地带有大量唯心主义和不可知论的观点。这些都是我们在肯定他的历史贡献的同时，所应该注意并加以分析和批判的。

《思想录》译序

本书作者帕斯卡是17世纪最卓越的数理科学家之一，他对于近代初期的理论科学和实验科学两方面都做出了巨大的历史贡献。他的以《真空论》为代表的一系列科学著作，基本上是唯物主义的并充满战斗风格，三个多世纪以来已成为科学史上和思想史上的光辉典籍。

帕斯卡的思想理论集中地表现在他的《思想录》一

书中。此书于笛卡尔的理性主义思潮之外，独辟蹊径：一方面它继承与发扬了理性主义传统，以理性来批判一切；另一方面它又在一切真理都必然以矛盾的形式而呈现这一主导思想之下指出理性本身的内在矛盾及其界限，并以他所特有的那种揭示矛盾的方法（所谓"帕斯卡方法"），从两极观念（他本人就是近代极限观念的奠基人）的对立入手，考察了所谓人的本性以及世界、人生、社会、历史、哲学知识、宗教信仰等多方面的理论问题。其中既夹杂有若干辩证思想的因素，又浓厚地笼罩着一层悲观主义的不可知论。

本书的体系是唯心主义的，但在继承蒙田等"人性学家"的思想传统并宣扬普遍人性论而与以耶稣会为代表的天主教会官方的神学理论进行尖锐论战这一点上，却有其鲜明的反封建特权的历史进步意义。它（和作者本人的另外一部书《致外省人信札》）反映了近代初期西欧大陆中产阶级反对派的思想体系的一个重要活动方面。

书中有大量进行神学论战的地方，乍看起来或许会使一个现代的读者感到闷气；然而他思想中的一些光辉的片段往往就存在于神学的夹缝之中。他所继承的冉森派教义，实质上是宗教改革中加尔文派的一个变种，代表着资本原始积累的要求。一切神学理论都不外是世俗利益的一种表现，只要把神学还原为世俗，就不难发现掩盖在神学外衣之下的思想实质。此外，冉森派与耶稣会的论战虽然是在一个狭小的神学领域进行的，帕斯卡本人的思想却在许多重要问题上突破了这个狭小的范围，既在思想内容方面也在思想方法方面。

近代辩证法奠基于康德，康德的来源之一是莱布尼茨。莱布尼茨于1672—1676年侨居巴黎时，结识了冉森派的主要代表人物之一阿尔诺（Antoine Arnauld，1612—1694）并深入研究了帕斯卡的手稿，受到他很大的影响。众所周知，莱布尼茨对自动机的研究就是由于受帕斯卡设计计算机直接启发的结果，这是近代计算机技术的开端。极限概念则是又一个影响，它奠定了近代微积分学的基础。但帕斯卡对莱布尼茨的影响远不止此。近代思想史上的一个重要契机是古代奥古斯丁观点的复活。据控制论创始人维纳（N. Wiener，1894—1964）的看法，现代物理科学革命并非始自普朗克或爱因斯坦，而是始自吉布斯（J. W. Gibbs，1839—1903）。控制论就是在宇宙的概率熵之不断增加这一吉布斯的观点以及更早的莱布尼茨的信息观念的基础之上建立起来的。维纳认为吉布斯所提出的概率世界在承认宇宙本身结构中有着一种根本性的机遇因素这一点上，非常之接近于奥古斯丁的传统。帕斯卡本人既是近代概率论的创始人,同时作为冉森派最突出的理论代表,他又在思想史上重新提出了奥古斯丁的观点。从而帕斯卡的思想就构成古代与近代之间的一个重要的中间环节。从帕斯卡经莱布尼茨至康德的这一线索,提供了近代思想史上最值得探索的课题之一。然而这样一条线索,以及一般的近代思想的发展之与思想方法论之间的相互关系,却常常为历来的研究者们所忽视。此外,由于时代的、阶级的和他本人倾向性的局限,在他思想中不可避免会出现的许多消极因素,以及它们与现代唯心主义某些流派(尤其是大陆的生命哲学)的密切渊源——这些也都还有待于研究者们以批判的眼光加以进一步的探讨。

帕斯卡《思想录》一书本来是作者生前尚未完成的一部手稿,其中有些部分业已大致成章,斐然可读,文思流畅,清明如水;另有些部分则尚未定稿或仅有标目或提纲,言简意赅或竟致不成语,使读者索解为难。19世纪以来整理和注释帕斯卡著作的,前后已有多家,而以布伦士维格(Leon Brunschvicg)本最为精审,大体上已可以为《思想录》一书清理出一个眉目。译文凡遇有疑难之处,大抵均依据布伦士维格的解说;译文的注释部分也大多采自布伦士维格的注释加以增删,有时也间采其他诸家或间下己意,以期有助于理解原文。这是译文之所以根据布伦士维格本而没有根据较晚出的《帕斯卡全集》本（J.Chevalier编，巴黎，Gallimard版，1957）的原因。

布伦士维格本、布特鲁（Boutroux）本和《帕斯卡全集》本中的《思想录》部分，前两种本子的编排次序完全一样，而与后一种出入甚大；但是各本中每一段的文字内容并无不同。书中凡引用拉丁文的地方，各本多未加翻译，个别地方虽有译文，也很不忠实。因此凡遇有拉丁文，译文都重新译出；但由于自己水平有限，错误之处尚希读者教正。书中引用《圣经》经文的地方，因作者系凭记忆信笔写出，故往往与经文原文有出入，而且中文官话本的文字也嫌过时，所以书中凡引用经文的地方，译文均依据作者的原文重行译出，而以官话本作为译注附入，以供参考。书中有几页是谈犹太经学的，我自己于此完全是外行，只能勉强酌加少量必要的注释，是否正确，不敢自保。有关帕斯卡的生平活动和他的科学贡献以及书中一些术语译文的说明，详见附录。

第二次世界大战后，先后出过四种《帕斯卡全集》，它们是：

① J.Chevalier编，1957年；

② Louis Lafuma编，1960年；

③ Jean Mesnard编，1964年；

④ Leon Brunschvicg 与 P.Boutroux 编，1966 年重印（1908—1925 年）。

另外，关于帕斯卡的科学著作有 R.Taton 编《帕斯卡科学著作集》，1948 年。

本书翻译承同学友人顾寿观先生多所鼓励和帮助，并此致谢。

关于《思想录》版本和译文的一些说明

帕斯卡身后的影响虽大，但《思想录》一书却长期未曾被人很好地整理过，显得杂乱无章；以致 17、18 两个世纪里，无论是赞成他的人还是反对他的人，都没有可能很好地阅读和理解《思想录》的内容和思想。一直要到 19 世纪的中叶，这位 17 世纪中叶思想家的遗著才逐步恢复它原来的面貌而呈现于读者的面前。

他死后不久，他的外甥女艾蒂安·比里埃（Etienne Perier）就整理这部未完成的大书的片段草稿。整理过的草稿复经冉森派中心波尔罗雅尔修道院删订，特别是剔除了其中一些异端色彩过于浓烈、锋芒过于外露的部分，于 1670 年出版；这是《思想录》最早的一个版本，通称波尔罗雅尔本。事实上，这一最早的版本与著者原作的本来面貌大有出入，并且简牍错乱，难以卒读。

自波尔罗雅尔本问世后，历代都有人研究帕斯卡，包括伏尔泰（Voltaire，1694—1778）、孔多塞（Condorcet, 1743—1794）、夏多布里昂（Chateaubriand，1768—1848）等著名人物在内。历代也有过不同的版本问世，如1776年的孔多塞本、1779年的鲍絮（Bossut）本、1819年的勒·斐弗尔（Lefèvre）本，但没有一种是接近原貌的。要到1835年的法兰丹（Frantin）和1842年的库赞（Cousin）才开始企图按照作者本人的原来设想来恢复本书的次序；1844年的弗热（Faugère）本，是第一个大体上符合原书手稿状态的版本。此后的各家版本都在弗热本的基础上不断进行订正，它们是：

1851年阿韦（Havet）本，1854年卢安德（Louandre）本，1857年阿斯吉（Astie）本，1858年拉于尔（Lahure）本，1873年罗歇（Rocher）本，1877年莫利尼埃（Mollinier）本，1881年德雷乌（Drioux）本，1883年冉南（Jeannin）本，1895年维拉尔（Vialard）本，1896年米肖（Michaud）本，1897年狄狄奥（Didiot）本，1904年布伦士维格本，1907年迦齐埃（Gazier）本，1911年马吉瓦（Margival）本，1925年马昔斯（Massis）本，1931年斯特罗斯基（Strowski）本，1933年苏瑞（Souriau）本，1937年狄德（Dedieu）

本，1949年谢瓦里埃（Chevalier）本，1950年斯图尔特（Stewart）本，1957年谢瓦里埃《帕斯卡全集》本。弗热、阿韦、莫利尼埃、米肖、布伦士维格各家均对帕斯卡做过专门的研究与注释；其中布伦士维格本较为晚出，一般公认是最好的版本。此外，圣伯夫（Sainte Beuve, 1888）、斯特罗斯基、索尔铎（Soltau）、布特鲁、克里昂（Criand）诸家也都以研究帕斯卡著称。关于帕斯卡的生平，他的姐姐比里埃夫人为波尔罗雅尔本所写的《帕斯卡传》为后世留下了可贵的原始材料。关于波尔罗雅尔的历史，圣伯夫的《波尔罗雅尔史》（1842—1859）一书迄今仍不失为一部详尽的研究，其中对帕斯卡的评论也有一些独到的见解，虽则作者标榜客观主义。有关帕斯卡的详尽书目，可参见梅尔（A. Marie）编《帕斯卡书籍总目》和吉罗德（J. Giraud）编《十六、十七、十八世纪法国文学书目》（第148—161页）。至于较简明的书目，可参见梅纳《帕斯卡的生平与著作》一书的附录（英译本，纽约，1952，第202—208页）。

译文是根据布伦士维格编《帕斯卡思想录与著作选集》修订第六版（巴黎，Hachette版，1912）的原文译出的。布伦士维格本虽然号称精审，但也有错误，甚至于是非常明显的错误，尤以注释及引文部分较多，正文部分也有一些；译文中已就个人所知加以改正，不再一一注明。译文及注释还参考过谢瓦里埃编订的《帕斯卡全集》(巴黎，Gallimard 版，1957)。这个本子的编次与布伦士维格本颇有不同，有些地方吸取了较近的研究成果。帕斯卡这部书本来就是一部未完成的草稿的残简，因此行文每嫌过于简略，许多地方甚至于不是完整的句子，从而使得历来的研究者莫衷一是。自己由于水平所限，错误更为难免，希望能得到读者的指正。

在翻译过程中参考过特罗特（W.Trotter）的英译本，部分地参考过黑塞（H.Hesse）的德译本（莱比锡，P.Reclam 版）。英译本有特罗特、罗林斯（G.B.Rawlings）与沃灵顿（J.Warington）三种，"人人丛书"本、"现代丛书"本及"哈佛古典丛书"本中的三种《思想录》都用的是特罗特的英译本，这个英译本虽然也不无可取，但错讹甚多，并且出现有整段整句的遗漏，次序上的颠倒混乱更是屡见不鲜。凡是布伦士维格本错误的地方，无论是正文还是注释，特罗特英译本大都承继下来以讹传讹；布伦士维格本原来不错的地方，特罗特英译本也弄出许多错误，有些是非常可笑的错误，例如把帕斯卡的友人米东（Miton）弄成了英国诗人弥尔顿（Milton，见"人人丛书"第874种第192段，1931）之类，使人啼笑皆非。

凡是作者原文中的错字或漏字经后人补正的，均用方括号标出。至于书中若干本来就不完整的句子，除了后人已能确定其含义者加以增补而外，其余均照原文逐字译出，以免缀补成文甚至增字解经，以致有伤原意。

翻译任何一部思想作品，最感棘手的莫过于名词与术语难以统一。虽然在翻译过程中对于重要的名词和术语尽量求其前后一致，但有时仍然不得不分别用几个不同的中文字来表示原文中的同一个字，甚至于原文中关键性的字。另一方面，大部分名词虽然照顾了前后的译名一致，但这种一致却又不可能不在不同的使用场合之下或多或少地偏离了原意。困难在于，没有一种文字可以完全精确地符合并表达另一种文字。

中文中的自然、人性、天性和由它们衍变来的形容词自然的、天然的、天赋的，在原文中是同一个字 nature 和它的形容词 natural；但我们却在不同的场合中使用不同的对应词。中文中的成员、组成部分和肢体在原文中也是同一个字 member，这个字在国家则译成员，在整体则译组成部分，在个人则译肢体。

Esprit 这个字全书都译作精神。这个字大致相当于英文的 sprit、德文的 Geist、中文的精神、心灵、心智和头脑，在本书第一编中这个字实际指的是思想方式。所谓几何学精神与敏感性精神或"精微性的精神"（英译本作"直觉的精神"）的不同，即指几何学的思想方式与敏感性思想方式之不同。Esprit 这个字在 17、18 世纪有着远比我们今天所说的"精神"微妙得多的含义。一个字是不能不受时代的影响而不断改变它自身的质量和重量的。另一个情形相似的字是 philosophe（哲学家），在 17、18 世纪这个字的含义在一定程度上不同于我们今天所称的哲学家，它是指有别于形而上学家——而"形而上学"这个字又和我们今天的含义也有不同——的知识追求者。要用一种文字表达不同的时间、地点和条件之下另一种文字所表达的内容，几乎是不可能的事；因此就只能希望读者体会文字的精神实质，做到以意逆志而不以词害意。

另一个关键性的字是 raison。17 世纪的 raison 可以相当于 18 世纪的 Verstand（或英文的 understanding：理智、知性、理解、悟性），也可以相当于 18 世纪的 Vernunft（或者英文的 reason，中文的理性）。这里我们必须注意到，无论是在帕斯卡本人还是在整个 17 世纪的思想里，Verstand 和 Vernunft 还没有获得后来它们在康德那里所被赋予的那种区别。这个字在帕斯卡的用法里分别指推理能力、理智、道理或理性，我们在书中大多译作"理智"，少数场合译作"理性"或"道理"。当然，德译本也可以把它译作 Vernunft，只要不把这个字理解为一个半世纪以后它在德国古典哲学中所获得的那种严格的意义。严格说来,更接近于Vernunft的,在帕斯卡的用语里应该是pensée(思想)。帕斯卡用pensée这个字,大致相当于笛卡尔用cogitatio(思想,即"我思故我在"中的"思"字)。笛卡尔说:"我所谓的思想(cogitatio)是指我们意识到在自己心中活动着的全部东西。这就是为什么不仅仅是理智(undertanding)、意志、想象而且还有感情,在这里都和思想是同一回事。"[1] 笛卡尔的"思想"包括知、情、意三方面,帕斯卡的"思想"也包括知、情、意三方面。可以说,笛卡尔和帕斯卡的"思想"大致相当于Vernunft,而"理智"则大致相当于Verstand。康德的提法是:"全部心灵能力或者说能量(Seelenvermögen oder Fähigkeiten),可以归结为不能从一个共同的立场再进一步加以引申的如下三种,即认识能力、好恶的感情与愿望能力。"[2] 帕斯卡的命题是:"心灵有其自己的理智(道理),这是理智所不认识的。"[3] 帕斯卡的"心灵"或"思想"接近于康德的"心灵能力"即理性,而帕斯卡的理智则接近于康德的认识能力。理智有所不能

---

[1] 笛卡尔:《哲学著作集》,剑桥,卷一,第222页。

[2] 康德:《判断力批判》,莱比锡,P.Reclam,第27页。

[3] 帕斯卡:《思想录》,第277段。

认识，但这一点却是靠理智自己来认识的。这个推论形式正如康德的纯粹理性乃是其自身认识能力的立法者一样；这里面谈不到有什么像文德尔班所指责的"悖论"。[1]

有的字相当于中文一个以上的意义，我们有时只采用一个译名。如 lumière 这个字既是光明又是知识，特别是对于某些理性主义者来说，理智的知识本来就是天赋的光明；我们在书中大多数是用"光明"而不用"知识"。另有些字既有字面的意义也有实质的意义；在这种情况下，译文大多采用其实质的意义。如 l'esprit de finesse 字面上应作"精微性的精神"，我们则用"敏感性的精神"以与"几何学的精神"相对应；又如 pyrrhonisme 字面上应作皮浪主义（皮浪是怀疑主义的创始人），译文则径作怀疑主义。

人名译音大多采用一般通用的，所以有些人名没有采用拉丁文的"乌斯"字尾，如 Virgilius 我们就用较通行的"维吉尔"而不用"维吉里乌斯"。法文专有名词的拼法和拉丁文或英文的都不一样，有些名字一般中文译名是以拉丁文或英文为根据的，在这种情形下，我们便不以法文为准。如赛尔苏斯我们便不根据法文形式

---

[1] 文德尔班：《近代哲学史》，卷一，第373页。

Celse，而根据较常见的拉丁文与英文的形式 Celsus；同样，阿达拿修斯就根据 Athanasius，而不根据法文形式 Athanase。

至于 religion chrétienne 之译作基督宗教而不译作基督教，是因为基督宗教不仅更符合原文，也更符合原意，它标志着帕斯卡由中世纪全神性的宗教向近代半神性半人性宗教的过渡。

"普遍的历史观念"是怎样成为可能的
——重评康德的历史哲学

◇ 康德的历史哲学既代表着启蒙运动哲学化的高峰,又开启了以后几个世代的(特别是德国的)思维的新方向。对法国革命的原则:自由、平等和博爱,是康德给出了哲学化的诠释;对启蒙运动的向往:理性、和平与幸福,是康德做出了纯概念的论证。

一

康德的历史哲学论文,卡西勒(Cassiner)认为是构成康德的第四批判,即《历史理性批判》——可以看作是他第三批判(1790年《判断力批判》)的理论在历史上的引申和发展,同时也是对他第二批判(1788年《实践理性批判》)以及《道德形而上学探本》提供的重要的诠释和解说。

康德在他发表《世界公民观点之下的普遍历史观念》的同一年,即1784年,还写了一篇《什么是启蒙》,刊载在同一个杂志《柏林月刊》(当时启蒙运动的一份主要理论刊物)上。康德的历史哲学乃是当时启蒙运动这一强大的时代思潮的产物。启蒙运动的巨大的历史功绩和影响无待多说,但是同时它也带有一种严重的思想缺陷,即过分天真地相信理性的万能。理性就是光明,启蒙运动 Aufklärung 或 les lumières 或 enlightenment 均系照亮或光明之意(亦即19、20世纪之交中国知识分子的口头禅:"开民智")。故而启蒙运动的时代,就恰当地被称为"理性的时代"。启蒙运动的代表人物们天真地相信,真理只有一个或一种,它是明摆在那里的,只要人们能发挥理性的光芒,就不难把握住唯一的真理。这种启蒙运动的真理观,最为典型地表现在它对待当时被认为是绝对唯一的真理牛顿古典体系的态度上。英国诗人蒲柏赞颂牛顿说:"大自然和它的规律本来隐蔽在黑暗里,上帝说,让牛顿出世吧,于是一切便都大白于天下。"[1] 法国分析学派的大师拉格朗日则称扬牛顿的业绩说:只有一个宇宙,作为这个宇宙的阐明

---

[1] 蒲柏:《诗集》,伦敦,"人人丛书",1932,第122页。

者，全世界历史上只能有一个人（牛顿）[1]。康德的认识论系以牛顿的世界构图为其对象，当时没有人曾梦想过还可能有别的真理。理性只能有一种思维方式，真理只能有一个，而人类历史的发展也只能有一条途径，那就是通过理性的觉醒而获得光明（知识）。

康德历史哲学的出发点，也就是牛顿自然哲学的出发点。牛顿总结出自然哲学推论的第一条准则是："大自然决不做徒劳无功的事，当更少的一些就够用的时候，更多的一些就是徒劳无功的了，因为大自然喜欢简洁性而并不炫耀各种多余的原因。"[2]康德总结出人类历史哲学的第一条准则正是："一个被创造物（人）的全部自然禀赋，是注定了要充分地并且合目的地发展出来的"[3]，因为"大自然决不做徒劳无功的事，她使用各种手段以达到自己的目的是决不浪费的"（卷八，第19页）。在这里，康德的思路甚至所使用的字句都和牛顿相同。把这条宇宙的大经大法应用于人类历史时，康德便理所当然地得出了他如下的历史哲学的基本论点，即

---

[1] 参见 I.B.Cobon：《新物理学的诞生》，纽约，Doubleday，1960，第189页。

[2] 牛顿：《自然哲学之数学原理》，柏克莱，加州大学，1934，第898页。（郑太朴中文旧译本，此处有误。作者注）

[3] 《康德全集》，卷八，柏林，科学院，1912—1935，第18页。以下凡引此书，只注卷次、页码。

"我们可以把人类历史的整体看作是大自然的一幕隐蔽的计划的实现"（卷八，第27页）。由此出发，康德便推导出了他全部的历史哲学。然而，这一幕"大自然的隐蔽的计划"又是什么呢？有如牛顿教给了康德以自然界的大经大法，卢梭就教给了康德以人类世界的大经大法，那就是：自由就在于自律、人性中的天然愿望和社会的矛盾，只要自由地运用理性就必然要犯错误，个人的意志是自由的而整个社会进程则是有规律的，人类必须脱离自然状态组成公民社会才能使自己真正得到发展，并且这一点又只有通过人类自身的努力才能够做到。

康德晚年（1795年，71岁）的《永久和平论》第一项正式条款的第一段即完全祖述卢梭的理论：

"从一个民族全部合法的立法所必须依据的原始契约的观念而得出的唯一体制就是共和制。这首先是根据一个社会的成员（作为人）的自由原则，其次是根据所有的人（作为臣民）对于唯一共同的立法的依赖原则，第三是根据他们（作为公民）之间的平等法则而奠定的。因此它本身就权利而论，便是构成各种公民宪法的原始基础的体制。"（卷六，第350页）

康德历史哲学在一定意义上可以说是卢梭的理论在历史学上的深化与发扬。人们生活在自然世界之中，却往往习焉而不察，直到出现了开普勒和牛顿，才揭示出来自然界的大经大法；同样地，人类生活于历史世界之中，却唯有等到历史学中的开普勒和牛顿出来，才能识破那幕大自然的隐蔽的计划的目的和作用、意义和归宿。"在大自然（或天意）所规划的历史行程之中，个人的非社会性与整体的社会性、自由意志和必然规律、善和恶、人和自然、合目的性（Zweckmäβigkeit）与合规律性（Regelmäβigkeit），归根结底是统一的、一致的。"（参见卷六，第 327—329 页）

二

康德历史哲学中的一个关键性的术语是"观念"（Idée）。此词在字源上即出自柏拉图的"观念"或"理念"，但其含义经过康德的改铸，已非柏拉图的原意。此词的英译应作大写的 Idea 而有别于小写的 idea；idea 相当于德文中的 Vorstellung 而非 Idée。康德的界说是：

"我们这里是在和理性本身所创造的"观念"打交道，它那对象（如果有的话）是完全在我们的视野之外的；尽管这些观念是超越我们的思辨和认识的，然而它们却并不因此就应该被认为在各个方面都是空洞

的。"(卷六,第 332 页)

这就是说,它们在经验中是不存在的,它们也不是形而上学的存在,然而它们却不是任意假设的,而是非如此不可的。我们研究历史,只能是(而不能不是)在某些观念的引导之下进行,没有这些观念的引导,历史学就是盲目的,因此这些观念乃是历史学所不可或缺的,尽管它们在经验中无法加以证实或否证。它们并不是自然规律,而是目的论上的必要前提。没有这些目的论上的必要前提或观念——有如康德本文中所总结的九条论纲那样——我们便无从理解一部"普遍的历史"[1]。洛克以前曾有"内在的观念"的说法,假如把这里的"观念"也称为"内在的观念"的话,它们却绝非洛克以前那种意义上的先天的、为人心所固有的知识。

1787 年,即法国大革命之前两年,康德在为《纯粹理性批判》第二版所写的序言中就论及,观念是没有任何实际经验中的对象或现象能够完全与之相符的(他引了"共和国"这一观念为例)。观念乃是理想,理想是永远也不可能十全十美地实现的,但理想却又是不可

---

[1] "普遍的历史"原文为 allgemeine Geschichte,即英文之 universal history,字面上亦可译作"通史",但含义有所不同,它指的是把人类的全部历史看作一个整体。

须臾离弃的。没有理想，就只会剩下来一堆僵死的自然残骸或废墟。康德历史哲学中的"自然"乃是"大自然"，康德也用"天意"一词来表示，大自然和天意，两者是同义语。观念并非得自经验，所以科学实证对于观念就是无能为力的，然而它又是我们理性所颁布的规范性的或调节性的（regulative 与 constructive，相对而言）原则，没有它我们的经验就无从获得秩序性和统一性，而一切事物（包括历史）就会成为无法理解的了。就此而言，则观念——它在历史理解中乃是具有着头等重要地位的前提假设——就不是也不可能是从历史事实之中所总结出来的原则或结论。

于是，这里很自然地就会出现一个问题：观念对于我们的历史经验又怎么可能有效呢？更具体地说，康德怎么能够论证他的历史哲学或他的"普遍的历史观念"是有效的呢？康德于此似乎有两条答案。在《论优美感与崇高感》一文中，康德曾谈到过不少的具体历史问题，曾谈到各民族的特征（可能是受了赫德尔的影响），谈到爱情和女性美（显然是受了卢梭的影响），等等，可见他并不是要抹杀历史事实的[1]；不过观念之

---

[1] 卡西勒甚至谓在康德的《论优美感与崇高感》之中"我们对审美教养和社会交往的全部魅力感到一种美妙的欣赏"。见卡西勒：《卢梭、康德与歌德》，普林斯顿大学，1970，第41页。

作为观念，则必须撇开一切具体的事例始能具有普遍的有效性。换一个说法，理论必须脱离实际（而不是结合实际），才能具有理论之理论的普遍有效性。理论之所以成其为普遍有效，就正在于它并不结合于任何一桩具体的实际。理论须先脱离实际，然后才能适用于实际。不脱离实际的理论，就不是理论了。其次，康德还明确地提到，全部的人类历史还太短，短得不足以得出普遍的结论来。但是根据观念来考察和理解普遍的历史，仍然"对于人类是有用的，并且对于人类的教育和进步是有益的"（卷八，第123页）。它使我们能看到人类历史的"过程并不是一场由好变坏的堕落，而是由坏变好的逐步发展过程，而大自然所赋予我们每一个人的天职，便是竭尽自己的所能来对这场进步作出最大可能的贡献"（卷八，第123页），这里所揭示的并不是科学的结论，而是启蒙时代的信念，即孔多塞在他的历史哲学（《人类精神进步史表大纲》）中所宣扬的同样的信念：人类历史是不断通过理性的启蒙而在进步的。启蒙运动的代表人物们都是真正的"世界公民"（Weltbürger），他们还没有沾染上下一个世纪那种流行的狭隘的民族沙文主义的偏见。这种世界主义的精神（Kosmopolitanismus），乃是针对旧制度时代（Ancien Régime）世袭等级特权制及其所派生的愚昧和偏见而发出的抗议。康德历史哲学的工作只不过是要以普遍的历史观念来"论证大自然(或者不如说天意)",从而使我们可以"对世界历史选择一个立足点"(卷八,第30页)而已。至于写出具体的历史著作来,则有待于专业的历史学家。

孔多塞的历史哲学所提供的只是一个"大纲",而康德的历史哲学所提供的则只是"观念"。对于观念来说(以及对于产生观念的纯逻辑思维来说),史实或者经验数据是无法加以检验的。[1] 而且历史学也不能简单地归结为科学,因为作为历史的主体的人,同时还是一个道德实体而非仅仅是一个自然实体。所以历史哲学就有其伦理学的一面,这是任何科学所没有的。康德在论实践理性时,深刻意识到伦理实践是随着时代、社会、民族、集团等之不同而不同的,因之就不存在什么普遍有效的具体伦理教诫。故而真正普遍有效的伦理学,就必须抛开一切具体内容的考虑而专就其纯形式立论,亦即伦理学的准则就只能采取如下的形式:"你的行为应该是这样,从而你可以同时使之成为普遍的规律。"[2] 如果把这一思路引入历史研究,那么普遍的历史观念就不

---

[1] Galston:《康德和历史问题》,载《历史与理论》1977年第2期,第201页。

[2] 康德:《道德形而上学探本》,T.Fritzsch编,莱比锡,P.Reclam,第55页。

仅仅是可能的,而且还是必要的了。我们观察历史,不仅仅要看到它作为自然现象(因而是在服从客观的必然的自然律)的一面,还应该看到它作为意志本体(因而是在服从自由的道德律)的一面。就大自然的整体而论,一方面我们固然可以把它看作纯粹自然因果的必然,而同时另一方面却又应该看作有其"有目的地在起着作用的原因"(absichtlich wirkenden Ursache)。[1] 人类历史,作为大自然的一部分,也同样具有这一两重性,即本体和现象的统一。

三

人类自由意志所表现的行为,就成为历史。但是历史作为自然界的现象,则又"总是为普遍的自然律所决定的"(卷八,第17页)。我们考察历史的整体,就会发现它是一个合规律的进程。每个个人的行为(例如婚姻)是自由的,但是历史整体却仍然是有规律的(例如我们仍然可以精确地得出人类婚姻的自然规律)。然而自由(以及它的产物:道德)则是既不能由历史经验也不能由纯粹理性加以证明或否证的。也就是说,自

---

[1] 康德:《判断力批判》,Karl Kehrbach 编,莱比锡,P.Reclam,第327页。

由是超越于历史的自然秩序之外的。人,作为历史的主人,一方面既是本体的人(homo noumenon),同时另一方面又是现象的人(homo phenomenon)。历史哲学的任务就是要解释:人怎么能既在服从自然机制的作用(这时候人就是自然的奴仆),而同时又是文明的创造者(这时候他就是历史的主人)。人,作为历史的主人,乃是自由的,因为"人要能够在自由之中明智地使用自己的权利,就必须是自由的"(卷六,第188页)。自由犹如牛顿的最初推动力,仿佛上帝一旦给了人自由,此后就是人类自己去运用自己的自由而不干上帝的事了。而又正是因此,所以人类走出自然状态而第一次运用自己的自由时,就要犯错误,就会是一场道德的堕落(康德引证了亚当吃禁果作为例子)。假如他注定了是绝不能或者绝不会犯错误的,那么他就不是自由的了。于是我们就看到自然历史和人类历史之间的鲜明的对比:"大自然的历史是由善而开始的,因为它是上帝的创造,而人类的历史则是由恶而开始的,因为它是(自由)人的创造。"(卷八,第115页)卢梭也曾提出:"一切出乎造物主之手的,都是好的,一经人手,就变坏了。"[1] 不过此处康德虽然继承了卢梭,却又超越了卢梭而别有胜解,因为他指出了一部人类的历史并不完全

---

[1] 卢梭:《爱弥儿》,巴黎,Garpier,第1页。

是"一幕由善而恶的堕落过程",而且同时更是"由坏向好的逐步发展过程"(卷八,第123页)。

用通俗的语言,也许可以这样解说:人对于历史也有两重性,即他既是理解历史的人,也是创造历史的人。作为理解历史的人,他就是一个旁观者,作为创造历史的人,他就是一个参与者。而我们要理解历史,就要求我们参与创造历史。只把历史当作单纯的现象,是无法真正理解历史的,真正理解历史同时就有赖于我们自身(作为历史现象的本体)投身于历史活动,也就是当我们的自由意志采取行动而表现出来的时候。历史(作为自然现象)的合规律性与历史(作为自由意志的表现)的合目的性,两者是一致的,或者说历史理性的二重性是统一的,缺一不可。归根结底,天意(主观的道德天职)和大自然(客观的必然规律)不但是并行不悖的而且是相辅相成的(卷六,第233页),是一而二、二而一的。

艺术品,作为艺术家的创造,是有其目的的;艺术家在其创造之中,自始至终都贯穿着他的目的或意图。大自然(包括人类历史)作为神明(天意)的作品,也是有其目的的。如果我们仅仅从自然现象着眼,便完全无须考虑到天意的参与,但是如果从道德的实践着眼,则天意的参与这一观念(目的论)就是完全必要的了。

（卷六，第370页）自由与因果之间在历史上的二律背反，就是这样得到解决的，历史学就这样通过目的论而被纳入他的批判体系。作为历史的主人的人，就相当于自然世界的物自身（Ding an sich），而人所创造的历史现象则相当于自然世界中的物的观念（Vorstellung von Ding）[1]。前者是"绝对的对象"，后者则是"观念中的对象"[2]。因此，卡西勒评论康德的"这一伦理洞见是以存在与义务、自然与自由的二元论为基础的"；要了解历史的意义"康德就需要有一种对伦理公设（postulate）的抽象统一性"[3]，"这样，康德的历史哲学就预示了康德伦理学的原理，后者乃是前者的立足点及其充分的展开"[4]，在这里，唯一的出发点是自由人进行自由的抉择，[5] 唯一的标准乃是道德律而非幸福、快乐、功利或其他任何东西。德行不要报酬，也不可能有报酬，德行是自足的，德行的完成其本身就是报酬而且是唯一的报酬。

---

[1] 参见康德：《纯粹理性批判》，B.Erdmann编，汉堡，Voss，第400页。

[2] 同上书，第456页。

[3] 卡西勒：《康德的生平与思想》，新港，耶鲁大学，1981，第229页。

[4] 同上书，第217页。

[5] Reiss编：《康德政治著作选》，剑桥大学，1971，第25页。

崇德行于上位的观点（无论在实践理性中，还是在历史理性中），康德也得自卢梭。18世纪60年代初，康德阅读了卢梭的著作，遂有志于政治哲学和历史哲学。对于康德，卢梭"返于自然（nature）"的口号意味着不是别的，而只是返于真正的人性（nature），康德从卢梭所学到的，就是尊重这种人性。所谓研究历史，也就是研究真正的人性。在这一根本之点上，两人是共同的。诗人弥尔顿所要论证的是上帝之道，卢梭所要论证的是大自然之道，康德则更进一步论证了大自然之道就是上帝之道或天意。

卢梭宣称："人是如此之高贵的一种生命，而不可能成为什么别的东西的工具"，"为了什么别的东西的利益而伤害一个人的灵魂，这永远都是不对的"[1]。人自身有其内在的尊严，人自身就是目的，而不是达到其他某种目的的手段。这正是康德的基本立场，他的全部的实践理性都可以归结到一点，即"人乃是目的王国的成员"，"由于其自身的本性，他本身就是目的"[2]。道德自由就是目的，所以我们对它的规定就只能是纯形式的，否则它就不是自由的了。同时，假如我们为它规定任何

---

[1] 卢梭：《新爱洛绮丝》，巴黎，Flammarion，1967，V，2，IV，22。

[2] Abbott编：《康德伦理学理论》，纽约，Longmans Green，1923，第54页。

具体的目的，那就有理由认为凡是能达到此目的的任何手段都是正当的，于是就会流入只问目的、不择手段的地步。问题倒不在于（像洛克所认为的）我们不可能用一种坏手段达到一个好目的（目的与手段的一致性），而在于只有手段本身（纯形式）才可以保证目的的正当性，手段的正当才能保证目的的正当。因此，凡是一切都为了某个目的或者把一切都献给某个目的之类的提法，其本性就都是不道德的，因为它们取消了道德之所以成其为道德的根本前提。这一理性的自由及其独立性和尊严的价值，构成启蒙时代天赋人权论的依据。它是为人天生所固有的、既不可被剥夺又不可被转让的权利。它是人之所以为人的权利，它不是一种方便的手段，用来为了达到某种目的的，也不可能被奉献给什么目的。它本身才是目的。[1] 天赋人权是不能被奉献出来的。国家乃是自由人的契约的产物——毕竟是先有此天赋人权，然后才有契约。因此，就只有"一项原始的契约"才成为一切权利的基础，"没有原始的契约"，"任何权利就都是无法思议的"。假如我们把道德人也看成

---

[1] 康德《永久和平论》有关部分。又，卢梭：《社会契约论》："说一个人可以无偿地献出自己，这种说法是荒谬的、不可思议的。"巴黎，Aubier，1948，第71页。

是"一桩物品"那样地可以奉献或转让,那"就和原始契约的观念相矛盾了"(卷六,第344页)。契约只能是双方之间的相互产物,所以就不能建立在取消一方的基本权利的基础之上。这一观点被1791年的《人权宣言》法典化为如下的词句:"一切政治结合的目的,都是为了维护天然的、不可剥夺的权利。"[1] 正因它是天赋的而不可剥夺的,所以它是一切政治结合的前提。

在《什么是启蒙》中,康德对于这一点又做了明确的阐述:启蒙就是要使人摆脱自己的依附状态(被保护的状态和被教育的状态)而能够运用自己的自由,亦即"要敢于运用自己的理性"!(卷八,第33页)全部人类的历史就是一幕人类理性自我解放的过程,也就是理性逐步走向自律的过程。这种权利是先天的、是生而固有的,所以"经验并不能教导我们什么是权利",然而"它那原则乃是先天确定的,是任何经验所无法加以抹杀的"。(卷八,第302页)思想自由、言论自由和学术良心是被康德所强调的一个公民最根本的、不可剥夺的权利。无论自己侵犯别人的自由,还是别人侵犯自己的自由,都是最严重的侵权行为。1793年,康德也像伏尔泰一样声言:"言论自由乃是对人民权利的唯

---

[1] 《现代西方文明史资料》,卷二,纽约,哥伦比亚大学,1984,第33页。

一保障。"(卷八,第304页)

四

人性中的恶的起源,是困扰古往今来所有思想家的一个问题。为什么会有恶——都是由于有了自由的缘故,没有自由,就无所谓恶(或善)。历史理性自身仿佛也有一个二律背反,即正题:人的意志是自由的,反题:人的行为是没有自由的(一切现象都属于自然界的必然)。如何解决这一理性与其自身的矛盾,就成为康德历史哲学所要解决的一个中心问题。一方面是作为自由的主体的"自为的我"(Für sich sein),另一方面是作为自由的载体的"所作所为"(das Tun)的各种现象。放眼历史我们就总是看到,一方面是人欲横流及其种种恶德和罪行,另一方面则是人类文化的不断进步(至少,这是18世纪启蒙学者的共同信念)。

针对这一历史理性的二律背反,康德就提出了他那"非社会的社会性"的有名论点。社会的和谐与统一,不仅像是沙夫斯柏里和卢梭所设想的那样,在于每个个人之间的和谐一致,而且也在于他们之间的不可避免的竞争和斗争。这种斗争"乃是从野蛮到文明的真正的第一步"[1],从而恶就成就了善,或者有如蒲柏的诗句所说:"一切局部的恶,都成为普遍的善。"这里有着比卢梭更为深邃的思想。卢梭认为人是生而自由的,只要人能摆脱自己身上的枷锁,就可以恢复天然的自由。然而卢梭却又感叹于制定一部完美立法之难,那难得简直是需要有一群自由的天使而后可。康德于此则针锋相对地提出,那并不一定需要一群天使,"即使是一群魔鬼也可以,只要他们有此智慧"(卷六,第3页)。魔鬼的非社会性,同样能成就天使的社会性;而且这对他们还是必需的。我们不必感叹世风日下,人心不古,问题不在于此,而在于懂得怎样规划自己的制度并把大自然的机制最佳地应用于人类(以及魔鬼)。这就是魔鬼也可以有此智慧足以保证一种完美的体制(宪法)的理由。这一见解俨然成为康德历史理性批判中最为精粹的部分,即制度比人更能左右历史的航程。中世纪的神秘主义者曾认为:人性中既有神性又有兽性,神性正由于兽性而益发显示其神性。这似乎可以借用来比拟康德的论点。人性之中充满了自私、虚荣、猜忌、占有欲、野心等等,卢梭认为文明是建立在这个基础之上的,所

---

[1] 康德:《致加尔夫书(1770年)》。转引自 Gillepsie:《黑格尔、海德格尔和历史学的基础》,芝加哥大学,1984,第31页。

以他要求人们摒弃这一切而返于自然，要求人性来一场返璞归真。康德则不然。康德也承认人性中的这一切，但是如果没有这一切来激发，人类的自然禀赋就会永远沉睡而得不到发展，因之人道（包括道德）也就不可能充分实现。这就是他的"非社会的社会性"学说的要义。

上述理论就蕴涵着：人类历史并不能简单地划分为好和坏、精华与糟粕两个截然对立的方面，双方对于历史都是不可或缺的。有利就有弊，有弊就有利，好坏、利弊总是结合在一起的，并不存在永恒的、绝对的好和坏或利和弊。好坏、利弊之间并不存在一条"绝对分明和固定不变的界线"[1]；在一种情况下是好的、有利的，在另一种情况下则可以转化为坏的、有害的。好坏、利弊都有助于大自然的计划的实现——而这就是要对普遍历史做一番哲学的探索和解释的作意所在（卷八，第29页）。康德就这样论证了大自然或天意所规划的人类历史。他那全部的历史理性批判都深深贯穿着整个时代的信念：理性有解放人类自身的能力，而且终究是要解放人类自身的。人尽其才或各尽所能（充分发挥我们自身中的天然禀赋）的时代是终于要到来的，这就是历史的目的。每一次曲折、每一次灾难，都可以看作是人

---

[1]《马克思恩格斯选集》第三卷，第535页。

类进步所必须付出的代价。这在当时还是颇为新颖的见解，不过，康德并不是以此来推卸人间苦难的责任，而是着眼于强调人类自觉地走向文明与和平的努力。历史之所以要采取这一"非社会的社会性"的形式，是因为大自然考虑的并不是个人而是整个物种。在这种意义上，也可以说是造化不仁，以百姓为刍狗。然而却还有另一条原则是与此相平行的并与此相补充的，即理性一旦觉醒之后，就完全独立地而且自由地自行其是。

这里看来好像康德是以历史哲学的语言在阐述亚当·斯密的理论。自由并非就导致一片混乱，反而是走向秩序井然的必由之路；自利和利他是相反相成的，人们不能取消自利而侈言利他。没有非社会性（利己），社会性（利人）就落了空。这种说法貌似诡辩，却是实际上的必然，因为人类（乃至魔鬼）必须有此智慧才能生存和发展。而人与人之间的这种关系，在一个更高的层次上，即在国与国的层次上，也应该同样地重复出现。这一思想的发挥，就成为他晚年《永久和平论》的主旨。阿克辛（S.Axinn）曾评论康德的这一思想说："他对个人是悲观的，而对人类则是乐观的。"[1] 就个人

---

[1] S.Axinn:《康德、权威与法国革命》，《思想史杂志》，1971年第八十卷第三期，第428页。

而论，今人并不优越于古人，但就人类而论，则后代对于前代的优越性是毋庸置疑的。人类自然禀赋之不断发展是不容置疑的，人类理性的自觉也是毋庸置疑的。从这个角度而言，我们或许应该同意阿韦如下的论断："康德全部伦理学的意义乃是：恶已经被人造就了，而善则尚有待人去造就。"[1]

如果单纯从某些字面上来看，非社会的社会性就很像是一幅霍布斯的理论构图。但两人之间却有着一个根本的不同，即在政治上和在伦理上，康德是非功利而重道德的。幸福是后天的、经验的，道德则是先天的、先验的。公民社会的产生，并不是为了方便或有利，而是由于人类理性的本质所使然。就康德的理论而言，则人们"必须首先全盘抛弃一切形式的玛基雅维利主义，这乃是任何进步的必要条件"（卷八，第278页）。道德并不是为了幸福，也绝不计较幸福。假如道德就是为了幸福，那么道德就变成了一种方便的手段而其本身就没有任何内在的价值了。然则反之，假如道德并不会给人带来幸福的话，那么这种结果不会使德行感到沮丧吗？这里，康德的倾向似乎是在这样说：义务并不就是幸福，但是只有义务才配得上享有幸福，也就是说，配得

---

[1] J.Havet：《康德与时间问题》，巴黎，Plon，1947，第198页。

上幸福的就都有赖于主体的善意。换一种通俗的说法,也许可以这样说:你应该有德,那么照例你就会是幸福的[1]。德行本身总是会有幸福的结果的,虽则德行本身并不是也绝不计较幸福。其结果也许并非就是个人的幸福,但肯定会有助于整体的幸福。正如个人可以有智慧,但整体却可以是愚昧的,而个人就以其智慧贡献于整体的启蒙;同样,个人的道德虽不以幸福为目的,但个人却以其德行而给整体带来了普遍的幸福。康德的潜台词,似乎如此。

幸福并不是目的;假如是的话,那么大自然就没有必要赋予人理性,她只消赋予人某些适宜于幸福的本能就够了。这一点同时就说明了人类文明的起源。太平洋塔希提(Tahiti)岛上的土著居民无知无识地在过着无忧无虑的生活,他们从来都不知道人世间有艰难困苦和忧患坎坷,难道这样的无怀氏之民、葛天氏之民,就真是幸福的吗?衡量人类历史进步的尺度并不是安逸,而是文化(包括道德)发展的程度。文化既是人类理性

---

[1] 有一句英文谚语是"Be honest and as a rule you will be happy"。康德的蕴意似乎是"Be virtuous and as a rule you will be happy",但始终没有明言。

的产物，又反过来成为理性发展的条件，而文化则恰好是大自然——正由于她赋予了人类理性的缘故——所不可能赋予人类的东西，它必须是由人类自身去创造。关于幸福（Glücklichkeit）与文化（Kultur）之分，第三批判中曾有专节论述。文化的进步所带给人类的美好，就在于它是人类自我努力的产物，而不是安逸怠惰的产物。而保证自由人的自由努力的最好体制则是共和而不是任何的专制；所以康德反复强调"每一个国家的宪法（体制）都应该是共和宪法（体制）"。（卷八，第24页）人性有其非社会性，因而就需要有一个主人来统治；但是主人也是一个人，所以他并不比别人更加是天使。（卷八，第23页）这就是何以一个自治政府（共和制）之所以必然要取代任何专制政体的理由，因为只有共和国才能成为人民的自由与启蒙的保证，也就是对人类理性的充分发展的保证。这一人际关系提高一个数量级，也同样适用于国际关系。康德不赞成一个大一统的世界帝国，他所设想的永久和平将是在一个各民族的联邦（Völkerstaat）体制之下实现的；它不是多民族的国家，而是各个自由民族的自由联盟。（卷六，第430页）永久和平乃是人类历史的必然结论，正如自由公民的共和国是同样的必然。而且同时它也是一桩庄严的道德义务。作为道德义务，它便是一种断然的无上命令，并且正是因此，它就是可行的而且是必定要实现的。

《世界公民观点之下的普遍历史观念》写成后两年，即1786年，康德又根据圣经中摩西五经的材料撰写了《人类历史起源臆测》一文。此文以六经注我的方式，用他自己历史哲学的观念来和经书相对比。在他稍前的赫德尔和在他稍后的席勒和谢林都曾做过类似的工作。随后一系列的德国思想文献都把"堕落"视为人类进步的一个重大步骤，亦即罪恶在个人虽然是缺点，但就物种而言，则是必不可少的。对这一作意的最为典型的论述，则应推康德的"非社会的社会性"的理论。

五

康德的历史哲学既代表着启蒙运动哲学化的高峰，又开启了以后几个世代的（特别是德国的）思维的新方向。对法国革命的原则：自由、平等和博爱，是康德给出了哲学化的诠释；对启蒙运动的向往：理性、和平与幸福，是康德做出了纯概念的论证。这使得科林伍德认为"康德从启蒙运动所继承的遗产"是"把历史夸大地分解为一套完全非理性的过去和一套完全理性的未来"[1]。或许是如此,但无论如何,康德提供了比其他启蒙哲学家更为深远的内容。其中目的论的提出和运用,蔚然成为他最富特色的思想,目的论突破了他的先驱者卢梭而下启他后继者自谢林和黑格尔以降的一长串理论家。康德的历史哲学论文早于孔多塞的著作10年。孔多塞的历史哲学上承洛克感觉主义的认识论,下启19世纪的实证主义思潮。这条线索可以和康德奠定的那条思想线索相媲美,形成近代西方历史思维两大平行的主潮。麦茨利什甚至认为这两者共同参与了马克思历史理论的形成[2]。

康德的历史哲学具有思想史的普遍意义。其后的德国理论家大都步武康德,把人类历史认同为理性自身发展的过程。《世界公民观点之下的普遍历史观念》还是引导席勒钻研康德哲学的第一部著作。19世纪末,"返于康德"成为一时风尚(包括马堡学派的柯亨、那托尔卜,巴登或西南学派的文德尔班、李凯尔特以及狄尔泰和卡西勒等人在内);不过他们大多倾向于把普遍与特

---

[1] 科林伍德:《历史的观念》,牛津,Clarendon,1946,第102页。

[2] 参见 Mazlish:《历史之谜》,纽约,Harper and Row,1966,第102页。

殊、一般与个别对立起来，从而割裂了康德的合目的性与合规律性二者的统一。特别是，他们往往在反对自然主义或反对实证主义的名义之下，片面强调价值论或目的论而否定历史的合规律性，从而就在一个根本之点上背离了康德的主旨。当然，后人总是不可避免地在以自己的思想理解前人的。20世纪初史学家蒙森受了康德思想的影响，但他对人类自由与进步的信仰却被蒙上了一层浓厚的自由主义色彩，随后的特罗什、韦伯以至历史主义和相对主义的思想则标榜道德中立和摆脱价值（Wertfreiheit），其间虽然也和康德的理论不无渊源，但终究应该看作是在前人的基础之上衍生出来的新观点，而已非简单的继承和阐扬，虽说康德历史哲学的中心问题——历史学如何才成为可能的这一问题——几乎如所有泛义的康德学派所接受和分享。

康德早年沉浸于牛顿的体系和形而上学，中年时被休谟把他从"教条的睡梦"之中唤醒，晚年建立其批判体系时又深深有契于卢梭的学说，然而其间并非没有一条一以贯之的思想脉络可寻。启蒙运动的哲学在某种意义上可以看作是近代自然科学思维方式之移植于人文的领域，在这一点上，康特也不例外。同时，康特的理论又是在法国革命思潮的强大影响之下形成的，所以在某种意义上，它也是法国革命理论的哲学版。在一个更广阔的历史背景上，则文艺复兴以来的主潮就是人的自觉，这一自觉在康德的理论里可以说达到了最高程度的表现。评论康德的理论，不应该脱离其历史背景的大气候和小气候。起初，康德是风靡18世纪的"开明专制制度的拥护者"，及至1786年腓特烈大帝去世，其继承人腓特烈·威廉二世却并不那么开明，于是随着法国革命的来临，康德的思想遂日益倾向于民主共和，但始终并未放弃对自上而下的改革或改良的向往。如果我们可以把"19世纪早期的历史哲学看作是超越观念在现实之中体现其自身"[1]的话，那么康德就理所当然地被看作是这一伟大的思辨历史哲学传统的奠基人。尽管他对后世的思想影响是至深且巨的，然而从此以后的历史哲学的路子却越走越窄，实证主义者完全抛弃了批判哲学的批判精神，而理想主义者（唯心主义者）则完全抹杀了历史学的科学性。启蒙时代的精神在康德的理论中所表现得那么鲜明的世界公民的广阔的视野和博大的胸襟竟日益萎缩，乃至走向极其狭隘的普鲁士民族主义。

---

[1] 贝克尔：《18世纪哲学家的天城》，新港，耶鲁大学，1955，第18页。

康德哲学的一个根本出发点是：我们在认识客观之前，首先必须认识我们自己的认识能力。据此而言，则我们在认识历史之前，就必须首先认识我们自己历史认识的能力。但是，何以康德又径直从认识历史本身入手，而并没有事先对我们的历史认识的能力进行一番批判的考察？这岂不正好陷入他本人所反对的形而上学了吗？对于这一诘难，我们或许可以在他本人的著作中找到一种解说。形而上学、数学、物理学如何成为可能，是分别属于三个层次的问题。在物理学上，我们对于自然世界的知识或判断不能闭门造车，检验它们正确与否，必须看它们能否出门合辙。我们需要以经验的事实来作为检验它们真假的标准。符合事实的就是正确的，否则就不是。但是数学的情况则与此不同。我们的数学知识正确与否，并不需要以经验的事实来加以检验。只要它那推导过程是正确的，我们就不必担心它会不符合经验的事实，我们完全可以先验地断定，它出门之后是绝不会不合辙的。在这里，推论的逻辑过程本身正确与否，乃是检验真理的唯一标准，此外，并不需要任何其他的保证。它可以说是某种"先天而天弗违"的知识；因此数学之所以成为可能的条件，就不同于物理学的或任何其他实证科学的。而康德的历史哲学在某种意义上，就是有类于数学推导那种性质的一项先天的思维操作或观念推导。他承认他本人并不是一个历史学家，但是历史过程是不会违反他那先验推论的逻辑的。这就是他强调提出"观念"在历史理解中之所以是必不可少的原因。对于"出自人性中原始禀赋的自由的发展进行历史描述"是一回事，而"对于自由的前进的行程进行描述"则又是另一回事，二者不可混为一谈。后者要靠经验的记录，而前者则只要靠先验的推导就够了。康德所从事的工作是前者而不是后者。它出了门是不会不合辙的，因为经验是不会违反理性的。理性的能力是先验的，故而先验的历史哲学就是可能的。这就是普遍的历史观念之所以成为可能的原因。

于是，"普遍的历史观念如何可能"这一问题，也就被转化为"先验的历史学如何可能"这一问题。而这却是唯有我们亲身去参与创造历史，才会成为可能的。并且只要我们有这个信念：它是可以实现的，而又投身于其中，那么它就一定会实现。这是一种神圣的使命感，是一项人的天职，它那唯一的条件就是理性的自律，亦即人的意志自由及其外化成为道德的行为。这是独立于自然律之外的另一种规律，即道德律。一方面，我们的一切知识都得自经验；另一方面，我们的知识除了经验的成分,又有先验的成分。卡西勒甚至认为,启蒙运动在德国就是以康德之结合这两者而达到它自己的目标的。[1]

人类文化史上,有不少努力是错误了的或失败了的,然而其价值和贡献往往并不亚于正确的和成功的努力。我们尽可以怀疑康德某些论点的正确性,甚至认为"他对历史过程的构造是一场失败",但是他那篇"既简短而又富于启发性的高贵的论文"在把历史的合目的性和历史的合规律性统一于历史理性的努力,堪称人类历史思维史上最杰出而又最有深度的理论之一。今天的西方,似乎是多元论的历史哲学正在行时,而一元论的历史哲学则有衰落的倾向。但是康德这部一元论的历史理性批判,却仍然值得历史哲学家们反复思索和咀嚼。康德对历史学的最大贡献在于他"对知识本身的性质、条件和界限的研究与批判的那种科学精神"[2]——应该说至今不失其历史的光泽。

启蒙运动的哲学家们(所谓 les philosophes),往

---

[1] 卡西勒:《启蒙运动的哲学》,波士顿,Beacon,1951,第133页。
[2] Flins:《法国和德国的历史哲学》,伦敦,Blackwood,1874,第404—405页。

往是用天真的愿望来代替坚实的历史感，所以立论的根据显得颇为薄弱；正如贝克尔所批评的，他们"就像中世纪的经院学者一样坚持着一套天启的知识，他们不愿意也不能够从历史里面学到任何与他们的信念不能调和的东西"[1]。康德也不例外。他的先验论在一定意义上就是一套天启的知识，在那里面天真的信仰绝不少于坚实的论据。尽管如此，他的理论还是远远超出了同侪，而且也超出了大多数的后代。他既不像后来的实证派那样，简单地把历史学认同于自然科学，又不像后来的分析派那样偏执地否定一切历史哲学而只承认有"有关历史科学的哲学"[2]。就此而论，康德统一这二者的工作不愧为一桩不朽的业绩。可以说，直迄18世纪，学者们始终还不曾意识到一个根本性的问题，即历史知识并不简单地就是对某些给定的历史事实的知识，而其更是每一代的历史学家的认识之不断创新的产物。康德的历史哲学——尤其是第三、第四两个批判中所着意阐发的目的论的论证——是人类的历史思维史上第一个认识到了历史知识的这一复杂性的。

---

[1] 贝克尔：《18世纪哲学家的天城》，第102页。

[2] 卡尔纳普：《哲学与逻辑语法》，伦敦，K.Paul，1934，第88页。

自从19世纪末以来，由梁启超、王国维、蔡元培几位中国近代思想的先行者发其端，康德哲学在我国已有将近100年的历史；但是中国学者大都以其第一、第二批判为研究对象，论及其第三、第四批判的尚不多见。研究康德而忽略他的目的论，总不免是一个重大的缺欠，而从他的历史哲学入手，或许可以为我们研究康德的思想理论另辟一条途径。

原载《学术月刊》1990年第5期

批判的哲学与哲学的批判 *

◇ 任何读哲学的人大概都会同意这样一种看法：讲哲学是绕不过康德这一关的，无论你同意他与否，你必须要过这一关。否则的话，就不免闹出例如把智性认同于理性，把智性认识认同于理性认识之类的错误的笑柄。

◇ 18世纪思想家们的文风往往冗长沉闷、拗口，而其力度恰好就存于这种执拗厚重的文风之中。学术思想著作毕竟不是儿童文学或通俗读物，而是往往要负载一长串的推论演绎。如果要求译文简单明白，那就最好不必读学术思想的著作，还是去读通俗读物或儿童文学吧。试想如果把康德、黑格尔乃至马克思都译得通俗流利，那还是康德、黑格尔或马克思吗？

◇ 真理是放之四海而皆准的，康德哲学的先验性更仿佛格外无比地保证了它是俟诸百世而不惑的。

---

* 本文系为朱高正先生著《康德四论》一书序言。

就我所知,中国学术界接触康德哲学迄今为止恰好整整一个世纪。最早是20世纪之初,梁启超在日本写了大量介绍西方学说的文章,其中有一篇就是论述"近世第一大哲康德"的学说的。与此同时,王国维也正在日夕沉浸于康德的著作之中,他有关这方面的工作收入在他早期的《静安文集》中。他是中国最早正式攻研并绍述康德哲学的人。但后来王先生转治文学、史学而放弃了哲学研究。随后西方思想学说大举被介绍给中国,大学的哲学系已开始讲授康德哲学。可惜的是,康德的大著《纯粹理性批判》一书迄无一部真正可读的中译本。这部书在20世纪的30年代已先后有胡仁源和蓝公武两种译本,但读起来有如天书,简直不知所云,中译文比原文还要晦涩难读,大概没有人是从头到尾读完了的。一般讲哲学史或思想史(尤其是政治思想史,如浦薛凤的《西洋近代政治思潮》)自然免不了有论康德的专章,但中国人用中文写的讲康德哲学的专著,在20世纪上半叶仅有郑昕(秉璧)先生的《康德学述》一部,内容大致即是他在课堂上的讲稿。任何读哲学的人大概都会同意这样一种看法:讲哲学是绕不过康德这一关的,无论你同意他与否,你必须要过这一关。否则的话,就不免闹出例如把知性认同于理性,把智性认识认同于理性认识之类的错误的笑柄。

及至40年代（20世纪）早期我这一辈人做学生时，读康德的入门书照例是《纯粹理性批判》，读的还是Meiklejohn或Max Mueller的英译本，另外也参看A.K.Smith的《纯粹理性批判释义》一书作为导读。有时候读得有点晕头转向，就连什么是constructive和什么是regulative也搞不清楚，而且《纯粹理性批判》一书中似乎还有那么多的经院哲学的论证风格，使人感到闷气。我曾有一次向老友王浩感叹过：康德的书连王国维都读不懂，我怕是没有希望读懂的了。他说：不能那么说，我们的凭借比王国维的要好。王国维不懂近代科学，所以他无法理解康德。确实，康德本人就明确地说过，他的思想主要有两个来源，有关自然世界的是牛顿，有关人文世界的是卢梭。读了牛顿和卢梭的书之后，确实觉得康德也不像原来想象的那么难以理解。

开始读康德也曾听人谈过康德思想的重点乃在于其实践理性批判，而不在于其纯粹理性批判。无论如何，看来似乎他的《实践理性批判》一书要比他的《纯粹理性批判》一书更好懂一些，而且还似乎更进一步地启迪了读者的认识：哲学的论断只能是纯形式的，因为唯有纯形式的才有可能是普遍有效的。当时已知牟宗三先生努力在把康德引入儒学。但由于长期的闭关锁国，无论是牟先生还是海外其他新儒家都没有可能接触到。记得仅有一次与贺麟(自昭)先生闲谈往日哲学界的故事,贺先生提到,30年代(20世纪)初牟先生在北大曾是贺先生班上的学生。作为40年代(20世纪)初的学生,我们大多都没有接触过康德的第三批判和所谓的第四批判。

五六十年代(20世纪)哲学界的主要工作似乎就在于为前人整理出一份排队的名单。每一家思想的归属,就这样都有了定案。然而对哲学问题本身的探讨却难以深入进行。由于马克思、恩格斯经典著作中已对康德做了定论,所以康德幸免于被一棍子打死,虽则也没有得到应有的重视。相当长的一段时间内,学术界似乎只有对哲学的历史研究而没有对哲学问题本身的研究。所谓哲学研究大抵是以考据笺注代替了义理探讨。差不多20年之间,有关康德的工作只有关文运(琪桐)先生译的《实践理性批判》和唐钺先生重译的《道德形而上学探本》以及宗白华、韦卓民合译的《判断力批判》。韦译部分号称是译自原文,其实全系由英译本转译,而且连英译本的错误也还译错了,使人难以卒读。此书足以代表康德晚年成熟的体系,实在大有重译的必要,何况改革开放业已20多年,迄无一个可读的译本,未免令人遗憾。

1966年起似乎已谈不到读书,更谈不到研究,然而事实上却又不尽然。我所知道的就不止一个例子。友人李泽厚兄的《批判哲学的批判》一书就是典型的一例。"文革"之初泽厚兄幸免于介入矛盾,实在是难得的幸运。随后在干校偷暇完成了此书。它不但是一部我国论述康德哲学的专著,而尤为难能可贵的是,它表达了一个真正有思想高度的思想家的思想。很长时期以来,国内学术界似乎已经没有思想家,直到这时学人中间才有一位真正有自己思想的思想家脱颖而出,实在足以令人欣慰。毕竟中国思想界还在孕育着一派活泼泼的生机,并非是只有一片万马齐喑或万马齐鸣而已。此后,他一系列的著作相继问世,几乎是独领风骚,风靡了神州大地。一个人的思想总是与自己时代的背景相制约的,无论是同意或不同意他的思想或论点,但任何人大概都无法否认他的著作在中国学术思想史上的重大价值、影响和意义。

改革开放以后的20多年来,有关康德的著作又有了韩水法先生《实践理性批判》的新译本,承他赐我一册。沈叔平兄译康德《法的形而上学原理》一书也在同时问世。而此书竟为沈叔平兄一生绝笔。老学长齐良骥先生毕生专攻康德,数年前齐先生遽归道山,而他所译的《纯粹理性批判》一书至今未见出版,诚为憾事。另外,颇为意外的则是在"文革"的百学俱废的年代里,却竟然出版了康德的《自然通史和天体理论》一书的中译本（中译名《宇宙发展史概论》，上海，1972），或许是因为恩格斯《自然辩证法》对它有过很高评价的缘故。以上译文都谈不到如某些人所要求的什么明白流畅或通俗易懂。这里面有内容问题，也有文体问题。翻译的首要条件在于忠实于原文，不仅在文字上，而且也在文风上。18世纪思想家们的文风往往冗长沉闷、拗口，而其力度恰好就存于这种执拗厚重的文风之中。学术思想著作毕竟不是儿童文学或通俗读物，而是往往要负载一长串的推论演绎。如果要求译文简单明白，那就最好不必读学术思想的著作，还是去读通俗读物或儿童文学吧。试想如果把康德、黑格尔乃至马克思都译得通俗流利，那还是康德、黑格尔或马克思吗？我们也不应该这样要求译文。另外，老一辈的学者冯文潜（柳漪）先生和沈有鼎（公武）先生均对康德有深湛的研究。惜乎冯先生一生从不从事著述；沈先生著述极少且未曾提及康德，若干年来几乎不曾写过什么文章。老一辈的学人自重如此，远不是当今动辄以炒作千万言为其能事的弄潮儿所能望其项背的。

"文革"初期，自己并未投身于运动，甘当一个"逍遥派"，整整有两年的时间蜗处家中陋室，又偷偷阅读了康德的三大批判和三小批判（《导论》、《探本》和《考察》),自我感觉较青年时别有一番会心之乐,遂径直往下阅读了他晚年的所谓"第四批判",感触甚深。康德晚年的思想,其兴趣的重点显然有转入人文(政治与历史)方面的趋向。当时他已年逾古稀,倘能假以时日,仍不是没有可能写出一部完整的第四批判来。不过,目前已经传世的这几篇文字,已经足以构成一副第四批判的雏形了,是故卡西勒径直名之为《历史理性批判》。而自己却竟然是在"文革"的动乱之初,方始有缘读到他这几篇重要文字的。当时的感觉仿佛是柳暗花明、豁然开朗;过去所读过的一些历史哲学的著作都不如他的这几篇那么的深切。例如卢梭曾慨叹过:要为一个国家立法是那么艰难,必须是一个天使的民族而后可。而康德则反其道而引申其义说:那并不需要有一个天使的民族。哪怕是一群魔鬼也可以,只要他们有此智慧。这一论点表现出了何等之高明的智慧!卢梭为天使说法,另有的哲人在为某一部分人说法,而康德则是为包括魔鬼在内的一切众生而说法。卢梭是要强迫使人自由(他们"无往不在枷锁之中"),而康德却更跃进一层,直要使魔鬼成为天使。这一思想的跳跃真可谓青出于蓝而冰寒于水。这里我们看到的是一个18世纪的哲人所喜欢称引的那种"世界公民"(Weltbürger)的面貌。真理是放之四海而皆准的,康德哲学的先验性更仿佛格外无比地保证了它是俟诸百世而不惑的。

作为一个读者,在一种仿佛是受到了启蒙(enlightened)的心情之下,更深刻地体会到了歌德的名言:"每个人都可以有自己的真理,然而真理却仍然是一个。"(卡西勒《卢梭、康德与歌德》,普林斯顿,1963,第97页)于是我就开始偷偷地进行翻译,当时只不过是逃避空虚、聊以自娱而已,从未梦想过有一天居然能出版。其后宣传队进驻,我被关入牛棚,苦中作乐遂不得不告中止。三年后,尼克松访华,《参考消息》登了一条外电,说是新华书店又摆出了康德《纯粹理性批判》和卢梭《社会契约论》,表明中国是不会废弃人类文明的经典的。卢书原系拙译。受到这则消息的启发,干校归来后,我遂把康德的8篇论文全部重校过,加以整理,送交出版社,并径以《历史理性批判》为书名。出版社方面却认为这不是康德的原名,遂正名为《历史理性批判文集》。然而不意一拖又是十有五年,直至1990年才发行问世,诚可谓命途多舛。此后,我又译了康德早年的《对优美感与崇高感的考察》(译名作《论优美感与崇高感》),迄今又已6年,或者不久可以问世。日前清华大学90周年校庆会上得晤老学长王玖兴兄,因询及由他主编的六卷《康德文集》,据他告我前三卷进行顺利,而《纯粹理性批判》一书,即是他的译文。

这是一位毕生精力尽瘁于德国古典哲学研究的学者。他的工作不但对他个人是一项深厚的回报，而且也是对我国学术界重大的贡献。以上所谈，仅限于大陆情况。关于台湾地区，我所知甚少，只知道研究康德者，代有其人，朱高正先生即是其一。

纯粹理性如果不经过一番自我批判，则其所得到的知识就只能是武断的形而上学；同理实践理性、判断理性、历史理性也莫不皆然。然而在思想史上还不曾有人对历史理性进行过一番自我批判的洗练。有之，应该说是自康德始。自然，他也留下了一大堆问题，有些是带根本性的（如历史认识能力的有效性），并没有解决。有些论断，也难以为后世的读者所同意。不过这项自我批判的工作却是历史理性认识之不可或缺的一项前导（prolegomena）。康德奠定了一个体大思精的哲学体系，人类的思想和文化只能是在前人已奠定的基础之上前进。如果真的是彻底砸烂了一切旧文化、旧思想，人类就只好是倒退到原始的蒙昧状态了。

一切思想都只能是站在前人的肩膀上继续前进。不过，康德的《纯粹理性批判》确实是不大好读。我时常想，假如我们读康德能换一个顺序，不是第一、第二、第三、第四，而是反其道而行之，由第四而第三、第二以至第一，或许就更容易领会康德哲学的实质。今见朱高正先生所著《康德四讲》，重点在于评论康德的第四批判，颇有与鄙见不谋而合者，因而深感虽然隔海两岸，但心理攸同并无二致，颇有"逃空虚者，闻人足音，固然而喜"的欣慰。朱高正先生全书文思精密、深入浅出，相信读者当能由此领会到一个更真实、更完整，也更容易理解的康德。这应该说是功德无量的事。

原载《读书》2001年第8期

一条通向康德体系的新路
——读《论优美感与崇高感》

◇ 优美和崇高的不同,在于优美使人欢愉,崇高使人敬畏。但是两者却不互相排斥,而是互为补充、相辅相成的。崇高如果没有优美补充,就不可能持久,会使人敬而远之而不是亲而近之。另一方面,优美如果不能升华为崇高则无由提高,就有陷入低级趣味的危险。虽则可爱但不可敬了。

◇ 当代有些研究中国哲学的学者,每好谈天人合一为中国思想的特征,其实这是一种无征不信、似是而非之说,因为古今中外一切哲学讲到最后,没有一家不指向天人合一,宇宙和人生终究要打成一片,天道、人道终究不可不一以贯之,可以说,凡不如此就不是哲学。

◇ 人性的美丽(优美)激发了感情,人性的尊严(崇高)则激发了敬仰。

一

《论优美感与崇高感》是1763年康德撰写的一篇长文,次年在哥尼斯堡(今加里宁格勒)以单行本出版,题名为《对优美感与崇高感的考察》。

这部书有两种中文译本:新中国成立前胡仁源译本和新中国成立后蓝公武译本。这两种译文中国读者读起来简直有如天书,比康德的原文还难懂。[1] 而恰好这本书是大学里读康德哲学的第一本必读书。30年代初(20世纪),何其芳在北大哲学系做学生时,就曾有"康德是个没趣的人"之叹,这其实也是大多数中国读者一直因袭的看法。不但一般读者,就连哲学专业者大抵也只读他的《纯粹理性批判》(第一批判)或者还有《实践理性批判》(第二批判),所以得出以上印象也就不足为奇。

我时常想,假如我们能从另一条途径去读康德,先读(或者哪怕是后读)他的第三批判——代表他晚年力图打通天人之际的《判断力批判》以及所谓的第四批判即《历史理性批判》,再加上某些前批判时期的作品——当然,首先是这篇《论优美感与崇高感》,也许

---

[1] 就作者所知,齐良骥先生晚年重译此书。但1993年良骥先生遽归道山,不知此项工作已完成否,下落如何。

还有《自然通史和天体理论》以及《一个通灵者的梦》,那么我们大概就会看到另一个更有趣味的康德,而且更近于康德这个人和这位哲学家的真实面貌。批判哲学就像是一组哲学的《神曲》,它要带着你遍游天地人三界:第一批判带你游现象世界,第二批判带你游本体世界,最后第三批判则是由哲学的碧德丽采(Beatrice)——美——把你带上九重天。哲学虽然包括三界,但是只有"无上天"(Empyrean paradise)才是统合三界的最后归宿。

赫德尔(Herder)是康德的学生,两人后来虽然在历史哲学问题上意见相左,并有龃龉,但赫德尔对《论优美感与崇高感》一书却给予了高度的评价。他写道:

"康德整个是一个社会观察家,整个是一个完美的哲学家。……人和人性之中的伟大和美丽、两性的气质和动机、德行,以及民族性——这些就是他的世界,他非常之精密地注意到了细微的阴影,非常之精密地分析了最为隐蔽的动机,并且非常之精密地勾画出了许多细微的遐想——他整个就是人道之优美与崇高的哲学家。在这种人性哲学上,他是一位德国的沙夫茨伯里。"[1]

这一总结和评价,是很有代表性的。此书所展现的

---

[1]《康德全集》,第四卷,柏林,1878,第175页。

康德,并不是一个枯燥无味的逻辑学家,单纯做着概念的推导,而是对人性的丰富多彩(及其不足)充满着细腻敏锐的感觉,而这一点对于了解康德的全部思想理论是至关重要的。康德的哲学,和那些仅根据《纯粹理性批判》构想康德的人们的印象相反,乃是从大量科学知识和对人生的灵心善感中概括、总结和提炼出来的一个理论体系。这位宣扬"最高指令"(Kategorischer Imperativ)的人,并不是一个对生命的情操和感受茫然无知或无动于衷的人。把这些和他的三大批判联系起来看,我们庶几可以接触到他思想中一脉相传的线索,否则我们对其批判哲学的理解就难免是片面的。本书的一些提法,如天人之际、道德的至高无上且日新又新、事物的流变不居但又有普遍常在的成分等等,可供我们与他后来的批判体系相参照。由此,我们对他的全部思想发展的历程可以有一个更好的理解。

二

当代有些研究中国哲学的学者,每好谈天人合一为中国思想的特征,其实这是一种无征不信、似是而非之说，因为古今中外一切哲学讲到最后，没有一家不指向天人合一，宇宙和人生终究要打成一片，天道、人道终究不可不一以贯之，可以说，凡不如此就不是哲学。问题只在于每个人有其不同讲法，这就成其为不同的哲学。康德毕生只写过两部美学著作，一部是他晚年集其理论之大成、力图打通天人之际（也就是天人合一）的大著《判断力批判》，另一部则是在此前27年所写的这篇《论优美感与崇高感》。从前批判时期的《论优美感与崇高感》中，我们可以看到他怎样考察和解释"人性"、考察和理解"美"，并且我们还可以由上述两书的比较，看到他思想的发展演化的轨迹。

《论优美感与崇高感》全书共四节，第一节正面论述优美与崇高的性质，但如蜻蜓点水，并没有着意深入地分析和发挥，也没有多少哲学推理可言，它只是一个楔子。重点在后面三节，但大抵都是作为经验的描述和归纳。第二节是谈这两种美感在人性中的一般表现及其特征，第三节论两性之美的不同，第四节论不同的民族性。康德信手拈来各种事例，妙趣横生，例如他谈到女性之美，谈到西班牙人那种堂·吉诃德式的斗牛精神，等等。一个哲学家本来并不必一定要站在学院的讲坛之上，道貌岸然地宣读自己的高头讲章。道是无所不在的，所以讲道的方式应该无所不可，正所谓"天道恢恢，岂不大哉！言谈微中，亦可以解纷"(《史记·滑稽列传》)。古希腊哲学画廊学派或逍遥学派大都是在漫步谈笑中自然而然、毫无修饰地表达和交流思想的，这使人能够更亲切地流露自己的思想和风格。很多人受师友的思想启发，也大多并非通过听他们讲大课，而更多是从他们漫不经心海阔天空的闲谈之中得来的，甚至所谈的大多是与其专业仿佛无关实却有关的问题。

美和人们的愿望、利害和知识无关，是由于它有自己独立的立足点，或者说它是理性的一个独立王国。是故《判断力批判》开宗明义就有理性三分的提法，从此，美学也就在哲学中占有了合法的独立地位。但是理性自身终究不能总是天下三分而要复归一统，天人不能永隔而终究要合一。康德美学理论的重要性，不仅在于它是一种美学理论，而尤其在于它是打通天人之际的关键，由此，理性的三个方面得到了最后的综合和统一。也可以说，宇宙的理性使人类的理性崇高，而人类理性的崇高则是宇宙理性（他使用的术语是"大自然"或"天意"）的鹄的。

本文的主要内容有以下两点：一是优美与崇高的对立与统一，一是强调美的主观性。古希腊就已经很重视优美的观念，其造型艺术讲求和谐匀称（所谓"黄金分割")、明媚窈窕（如各种女神的造像）。直到晚期罗马的朗吉努斯（Longinus），始特标"崇高"这一概念，尔后遂成为美学的一个重要范畴或标准；而经过近代法国文艺批评权威布瓦罗（Boileau）的提倡，自17世纪起即蔚然成风。然而17—18世纪所谓的崇高，都指的外在事物如宇宙的无限等等，而康德则在此之上加上了人自身。人性自身的美丽和尊严，引导人们的道德生活，这本身就是崇高的体现，它就是崇高（在本文中康德也常使用"高贵"或"高尚"一词来代替"崇高"）。由于这一点，康德早在他的《纯粹理性批判》之前就在美学上进行了一场哥白尼式的革命，亦即把美的基础从客观方面转移到主观方面来。在他以前，无论是理性派还是经验派都一致认同美的客观属性，认为乃是客观事物的属性尤其是多样性的统一（多中有一，一中有多）使我们产生了美感。但是康德在本文中却提出：多样性本身就是美，而并不涉及多样性的统一与否。与此相关的另一个论点则是：美是个人情趣和美妙感受的表现，换句话说，它是某种主观的表现，而不是某种客观的反映。这就和当时流行的（尤其是和古典主义所强调的）美的客观规律的论点正相背道而驰。

优美与崇高是当时流行的论题，很多人都用这个题目做过文章，最有名的是英国理论家柏克的《崇高的与优美的观念之起源的哲学研究》一书，其中论述了崇高的产生乃是由于我们对某种强大有力的对象感到惊愕，继而意识到它对我们并没有危险，于是这种惊怖之感就转化为一种愉悦之情。柏克认为优美的特性在于使人轻松愉快，而崇高的特性则在于它那巨大无匹的强力程度。康德是熟悉18世纪的美学的，也承袭了当时的术语：优美和崇高，但却赋之以新的意义而形成自己的体系。他的体系是批判的，他曾说过我们是生活在一个批判的时代里，一切都须经过批判，就是理性自身，也应该受到批判。[1] 在本文中他虽没有采取《纯粹理性批判》的形式而提出"优美感和崇高感是如何成为可能的"这一问题，但全文却在酝酿对于这个问题的答案。

关于优美和崇高分野的界定，他只有寥寥数语：

"美有两种，即崇高感和优美感。每一种刺激都是令人愉悦的，但却是以不同的方式。"

"崇高感动人，而优美感则迷醉人。"

"崇高必定总是伟大的，而优美却也可以是渺小的。崇高必定是淳朴的，而优美则可以是经过装扮和修饰的。"[2]

---

[1] 参见《纯粹理性批判》第二版序言。

[2] 《论优美感与崇高感》，《康德全集》，第二卷，第208—210页。

换句话说，优美可以是具有多样性的，而崇高则始终是单一的，这似乎是对传统美学观念——美是多样性之寓于单一性之中——的一种否定。美并不是非"多寓于一"不可，至于传统美学中"多寓于一"的观念，则大致上相当于康德在本文中所铸造的另一个术语，叫作"壮丽"（prächtig）。

优美和崇高的不同，在于优美使人欢愉，崇高使人敬畏。但是两者却不互相排斥，而是互为补充、相辅相成的。崇高如果没有优美补充，就不可能持久，会使人敬而远之而不是亲而近之。另一方面，优美如果不能升华为崇高则无由提高，就有陷入低级趣味的危险。虽则可爱但不可敬了。一切真正的美必须既崇高又优美，二者兼而有之，相映生辉。美不是独美，它必须是"兼美"。友情与爱情、悲剧与喜剧、感官之乐与思想之乐，总之一切优美的和一切崇高的，莫不皆然。而康德尤其透露了一种重要的意见，即这两者的结合不但有审美的，而且尤其有道德的含义。

由此，我们便涉及本书另外几个重要的论点。第一，美感不是快感（或官能的享受），但也不是思辨原则所推导出来的结论。它虽不是这两者，然而它却是可以培养的，并且是和德行相联系的。美感可以培养，也就意味着人性可以改善、可以提高，这种人性论就和已往大多数人性论有根本的不同了,已往的人性论大多把人性看成某种给定的一成不变的东西。到了康德这里,本性难移被转换成了本性可移;本性不但可移,而且应移,我们应该不断地培养并追求更高的美。这些见解鲜明地表现出作为启蒙运动最卓越的代表之一的康德本人的精神面貌。庸俗的享乐(快感)并不需要培养或修养,只有更高级的美(那是一种精神活动或精神状态)才需要。例如,开普勒发现行星运动定律从而感受到宇宙神秘和谐的欣喜,那是没有高度科学修养和精神境界的人所永远不可能企望达到的。第二,康德深刻了解,人性之中也不尽都是美,他并非无视人性中的丑恶面,他承认真正能做到高度德行和美的统一的,毕竟只是极少数人,但这并无伤大局。尽管大多数人都从自利出发,然而冥冥之中却仿佛有一只看不见的手在推动着这一切,趋向于一个目的。康德在本文中称此为"无目的的合目的性"(Zweckmäßigkeit ohne Zweck)。20年后,他在《历史理性批判》中进一步发挥这一论点,提出了"非社会的社会性",也就是说,人们虽被自利驱使,但从总体上看却适足以成就大自然或天意的目的而成为天下之大公[1],大自然或天意是通过每个人不同的

---

[1] 《论优美感与崇高感》,第220页。

自利目的而达到自己的目的,这个作意和王船山的"天假其私以行共大公,存于神者之不测"[1],以及黑格尔的"理性的狡猾"(Die List der Vernunft)[2]是非常相似的。而这一观念,在本文中已有萌芽。

三

美与德的统一是康德终生的祈向,这种祈向在这篇批判前期的论文中时有流露。人类需要不断培养和提高优美和崇高的情操。人性的美丽(优美)激发了感情,人性的尊严(崇高)则激发了敬仰。下面是本文中为人们所经常引用的一段名言:

"真正的德行只能是根植于原则之上";"这些原则不是思辨的规律,而是一种感觉的意识,它就活在每个人的胸中";"它就是对人性之美和价值的感觉,这样说就概括了它的全部";"唯有当一个人使自己的品性服从于如此之博大的品性的时候,我们善良的动机才能

---

[1] 王夫之:《读通鉴论》卷一。

[2] 黑格尔:《小逻辑》第209节,又见《历史哲学》及《精神现象学》,Passlm。

成比例地加以运用,并且会完成成其为德行美的那种高贵的形态"。[1]

最高的美乃是与善相结合、相统一的美,而最高的善亦然。道德高尚必须伴有美好的感情,美好的感情也不能缺少道德的高尚。说到最后,美更是一种道德美而不是别的什么。美的地位就这样极大地被提到人类思想史前所未有的高度。中国思想史历来把伦理道德崇为至高无上,但似乎还不曾有哪一个思想家把道德认同于美或把美认同于道德,或曾明确论证美就是打通天人之际的枢纽,这或许是比较哲学中一个值得瞩目的问题。正如西方哲人每每喜欢把知识认同于善,自从苏格拉底的名言"知识就是德行"以来,历代都有人强调知识本身的价值。浮士德为了知道宇宙的奥秘不惜把灵魂卖给魔鬼,中国哲人是决然不会做这种事情的,因为中国哲人从不把知识本身看作有什么独立的价值值得人去献身;知识本身并不是目的,而只是伦理目的(所谓"王道之正,人伦之纪"[2])的一种手段或工具。知识的价值只在于为德行服务,它和美本身不是德行,而是从属于德行、为德行服务并且统一于德行之下的。而在康德这里,

---

[1] 《论优美感与崇高感》,第217页。

[2] 杜预:《左传·序》。

知性、德行和审美三者,既各自独立,但最后均复统一于更高一级的理性,因为最能使我们产生崇高感的,还是我们对于内心道德力量的感受。崇高和优美是分不开的,于是美和德行就这样终合为一:尽管美和德行各有自身的价值,但是美却因道德而可以成为更高的道德美,正如德行由于美而可以成为更高的美的德行;而这也就"必定会对全体人类造成一种简直是奇迹般的销魂之美"[1]。

本文径直把美感当作某种现成给定、理所当然而无须追问的经验事实加以评论,对此,我们或许可以设想有如下一种答案:对于我们的认识对象来说,外物和内心是不同的,外物对我们呈现为形形色色的现象,它们必须通过我们的感性加以整理才能成为我们的感性认识;这一大堆感性认识又必须再经过知性能力的整理才能成为我们的知性(或悟性)认识。但是对人心的认识则不然,它是我们不假感性知觉与知性思索当下就可直接认识或领会的。不必凭借感性、知性的加工,就可直指本心从而明心见性(人性),这就是知识和体验的不同,也是人文科学与自然科学分野所在。现象和对现象的经验是不断变化的,但理性能力则是先验的、不

---

[1] 《论优美感与崇高感》,第227页。

变的，哲学研究的对象正是这个万古长青的理性能力，所以它在本质上就和一切经验科学不同。康德的理性是比知性更高一级并把知性也统摄在内的理性。人类知识分为感性认识、知性认识和理性认识三个层次，这是康德在人类思想认识史上的特色理论，所以他在谈了知识问题（第一批判）、道德问题（第二批判）之后，还必须继以畅论天人之际的审美与目的论的第三批判，以成就一套完整的哲学体系三部曲。他所完成的哥白尼式的革命——对此有人别有义解，这里暂不置论——不仅是在知识理论上，而且是在全部的理性能力上。理性不但为世界立法，同时也在为理性自身立法；所谓批判云云，实际上也就是理性的自我批判，是理性在为自己确立一个有效范围，而且真假、善恶、美丑，归根结底并不是互不相干的，它们在更高一级的理性层次上是一致的、统一的。如果我们达到的是这样一个结论，那就和仅仅读《纯粹理性批判》所认识的康德面貌大异其趣了。

　　本文是从美感着手而探讨人性的，到了批判哲学的成熟期，则转而从对先天能力的分析着手（第一批判），然后继之以探讨纯粹的实践理性（第二批判），终于由审美判断的目的论打通了天人之际，使理性的三方面复归于统一。看来好像是绕了一个圆环，又回到了原来的人性起点，但这已非简单的原点，而是在一个更高层次的复归。非经过这样一场自我批判的历程，理性就不是真正意义上的理性。因此，仅停留在《纯粹理性批判》的字面上或概念上理解康德思想的人，或许始终是未达一间。

归根结底，人不是一架计算机。人要计较得失，完全非功利的人是没有的，但是人生又绝不仅是运用工具理性在计算、在计较功利与得失而已。哲学是研究人的学问，仅凭工具理性推导出来的哲学，当然也是人的一部分，所以也是必要的而且是有价值的。但是如果哲学仅限于工具理性的推导，那就未免有如哈姆雷特说霍雷肖（Horatio）的话："天地间的事物要比你那套哲学所能梦想的，更多得多。"[1] 千变万化而又丰富多彩的思想和人生，不是任何一种概念体系或架构所能限定或规范得了的。哲学如果只是工具理性的一个逻辑框架或结构，那就必须还得有血有肉来充实它，赋它以活泼泼的生命。这一点正是17、18世纪人性学家伟大传统所在。

我们理解康德，不能只从纯粹理性这一方面来考察

---

[1] 莎士比亚：《哈姆雷特》第一幕，第五场第166行。

他，他同时是人性学传统的继承者和发扬者。尤其是，人性与纯粹理性过去一直似乎互不相干、各行其是，到康德手里才得到了一种崭新的综合，达到了一个远远突破前人的新高度。前人把理性简单理解为就是知性或悟性，康德赋之以更高的新意义，把一切知性的以及非知性的（道德的和审美的、意志的和感情的）都综合在内，于是理性便突破了知性的狭隘范围，理性哲学才成为名副其实的理性哲学，才上升到全盘探讨人的心灵能力的高度。近代自文艺复兴以来的主潮，乃是人自身的尊严与价值的觉醒，但可以说这是到了康德的手里才达到了最高程度。不从纯粹理性进行分析，固然谈不到对人有正确的理解，但是仅凭纯粹理性的分析却是不够的。要理解人生的精义或真谛，就必须靠目的论来达到一种天人合一的、真正意义上的理性哲学。目的论的高扬见之于第三批判，而其中的某些雏形观念正是在《论优美感与崇高感》一文中初露端倪。

四

康德受前人的影响，在科学上是牛顿，在人文上是卢梭，这一点是他自己曾经明确提到过的。本书是他阅读了卢梭的《爱弥儿》之后所写成的，故而结尾谆谆寄希望于培养青年一代的世界公民的教育。康德的崇高观特别强调人自身的内在价值——正因为有其内在价值，所以人本身就是目的，而绝不是其他别的什么东西的工具——而这一点或许可以部分地溯源于他的家庭的虔诚教派（Pietismus）的信仰[1]，这个教派略近于清教徒，可以说是对宗教改革的改革，他们鄙弃一切教条和说教，专重内心的严肃与虔敬。

人们每每以1781年《纯粹理性批判》一书的问世为一条界线，把康德的一生划为前批判时期和批判哲学时期两个阶段，以为只有批判哲学才是康德成熟的定论，至于所谓批判前期是不予重视的。其实，康德的思想（乃至任何人的思想）前后并不存在一条截然不可逾越的鸿沟。一切成熟的东西都是从不成熟中成长起来的，一个人的思想是变化的，但总有其连贯性，历史不能割断，全盘维护或彻底砸烂旧传统都是不可取的。所谓前批判时期长达30年之久，属于这一漫长的前批判期的，共有哲学著作12篇、自然科学著作10篇、人类学著作2篇、教育学著作1篇。所有这些著作几乎

---

[1] 参见 A.C.M.Gifffert: Protestant Thought before Kant, New York, C.Scribners, 1912，第九章。

都或多或少闪烁有某些与后来的批判哲学相照应的哲学思想。本文无论对于理解他批判前期的思想,还是对于理解他的批判哲学体系,都是一份不可或缺的重要文献。

康德批判哲学的代表作,一般认为是他的三大批判,它们构成一套完整的理性哲学体系。通常人们认为《未来形而上学导言》可以看作是第一批判的一个提要或导言、缩写本或改写本;《道德形而上学探本》可以看作是第二批判的一个提要或导言、缩写本或改写本。那么《论优美感与崇高感》可不可以认为是第三批判的一幕前奏或提要呢?从技术角度或许不能这样说,因为本书并没有明确论证目的论。但是从人性学的角度而言——因为哲学就是研究人的理性能力或心灵能力之学,也就是人学或人性学——则本文和27年后的第三批判,二者基本作意是相同的,作者的思路是由这一人性学的出发点逐步酝酿成晚年的压卷之作。本文中自然不免有许多早年不成熟的痕迹,是他晚年放弃了的,如道德行为的基础,本文仍可大抵认为带有经验的成分,而后来的第二批判则完全置之于先验的理性之上。本书中若干分类(如对崇高的分类),后来也被作者放弃。我们最好是把本书和第三批判看作是两篇独立作品,本书并不是第三批判的前言,但它确实又是第三批判的一阕变奏曲。这样就便于我们追溯作者思想演变的历程。另一方面，不承认美感是功利的，不承认美感是快感，认为美感不是官能的享受而是发自内心的情操，优美和崇高两者虽不同却又交织在一起，而尤其是德行和美感的结合与统一和主观论的发扬——对这些基本观点的阐发，批判期和前批判期既有所不同，但同时又确系继承与发展，而并不像有人想象的，前后两个时期截然不同，竟至于认为批判哲学乃是对前批判期的全盘扬弃与否定，是一种另起炉灶。第三批判的精义全在于对目的论的发挥，而这显然是早在本文中"没有目的的合目的性"就已蕴涵了的。

当然，我们不可要求这本小书足以囊括或阐述他那全部博大精深的批判哲学体系，但是应该承认，本文确实最早提出了一些尔后成为第三批判的重大契机的观念。作为康德第三批判之外唯一的一篇美学著作，本书要比其他任何一篇前批判期的著作都更能显示出作者的风格、人格与若干重要的思路。当世学人（我首先想到的是友人李泽厚兄）倘能以本书和康德晚年定论的第三批判进行一番比较研究，那将是一项极有意义的工作。如果能再探索一下近代辩证法由帕斯卡到莱布尼茨到康德的发展历程，那更将功德无量。可惜的是这部小书迄今未能引起我国研究者的重视，爰不揣浅陋，拉杂写来草成兹篇，以期抛砖引玉。世之读康德者，竟亦有感于本书也欤？

最初有意迻译这部小书，还是远在50年代中期（20世纪）的事了，其后人事侄偬，遂久经搁置。80年代初（20世纪）友人王浩兄曾建议我译出，当时也颇为动念，不意一拖竟又是10年。去岁乘访问曾经是新康德主义重镇的德国马堡大学之便，终于抽暇但又确实是艰苦备尝地把它译完了。

就我所知，本书的英译本有两种，早的一种为1799年伦敦出版的《康德的逻辑、政治及其他哲学论文集》所收入之英译，译者不详，迄今众说纷纭，莫衷一是，但今天看来，文字显然已经过时，不甚合用；晚的一种则是1965年J.T.Goldthwait的译本（柏克莱，加州大学）。此外，收入在各种康德英译选本中的尚有几种不同的节译本，包括德·昆西（De Quincy）的在内，德·昆西曾大力介绍康德给英国，但是他的译文却不忠实可靠。其他文字的译本以法文的最多，仅现代的就有四种。

译这样一部书的困难，不仅在于其思想理论的内涵和专门的名词术语，就连作者使用的一些常见名词和形容词，如Empfindung，Gefühl以及annehmlich，gefällig之类，也都很难酌定。为了顾及前后行文一致，对一个字当然以只用同一个相应的中文译名为宜；但事实上，在不同的场合又无法只用同一个相应的中文词语来表达（如果是那样的话，翻译就真可以成为一架机器的工作了）。这诚然是无可如何的事，因而只好在译文之后附上一份简略的译名对照表，以供读者们参照。其他错误和不妥之处，倘蒙读者赐教，拜嘉无极。

现乘本书译竣之际，我要向友人王玖兴、武维琴、李秋零、肖咏梅几位的多方热情协助，并向马堡大学汉学系 Mübelhr 教授和哲学系 R.Brandt 教授为我提供使用他们的办公室和图书馆的便利，深致感谢之忱。

原载《学术月刊》1995 年第 1 期

重读康德

◇ 一部人类史的开阖大关键不外是人类怎样由传统社会转入近代化的历程,其间最为关键性的契机厥唯近代科学与近代思想的登场。

◇ 假如说哲学就是对知识的知识,或科学的科学,则康德无愧为近代哲学的集大成者。近代哲学,无论同意康德与否,总需要通过康德这一关。

最近手头获得康德的新译本两种:《判断力批判》(邓晓芒译)和《三大批判精粹》(杨祖陶、邓晓芒编译),读后内心不禁油然萌生一缕欣喜之情,感到或许我国读者已重新开始研读康德和认识康德了。

近代科学与近代思想肇始于西方。中国的科学与思想的近代化则始自19世纪后半叶的李善兰,是他最早介绍了近代科学的古典体系;继而在19世纪末严复介绍了世纪中叶的《天演论》。但是最早介绍康德的,则要待到20世纪初的梁启超和王国维。一部人类史的开阖大关键不外是人类怎样由传统社会转入近代化的历程，其间最为关键性的契机厥唯近代科学与近代思想的登场。至于近代工业则无非是近代科学的应用，近代社会也无非是近代思想的体制化。近代科学与近代思想之出现于历史舞台，不应该视为只是一个偶然的现象，它乃是一项整体系统工程的产物。中世纪的思维方式产生不了近代科学。这是一场思想文化上脱胎换骨的新生，培根、笛卡尔、帕斯卡、伽利略等一长串的名字都为此做出了不可磨灭的贡献。近代思想文化的主潮或许可以归结为这样的一点，即人的觉醒。而康德的哲学可以说当之无愧地代表着这一思潮的最为典范的高度总结。是故文德尔班的《近代哲学史》就把全部的近代哲学归纳为三部分，即前康德哲学、康德哲学和后康德哲学。一部近代哲学史就是以康德思想为轴心而展开的历史。昔人称美孔子曾有云：孔子，孔子，大哉孔子。孔子以前，无有孔子，孔子之后，更无孔子。孔子，孔子，大哉孔子。假如说哲学就是对知识的知识，或科学的科学，则康德无愧为近代哲学的集大成者。近代哲学，无论同意康德与否，总需要通过康德这一关。不然就难免陷于把知性（Verstand，understanding）和理性（Vernunft，reason）混为一谈之类的误区。就最根本的方面而言，文德尔班的这种划分不无道理。

19世纪自然科学取得了令人瞠目的空前成就，但由此也引发了一种强大的思想倾向，即它轻易地导致人们把科学实证崇之于至高无上、统御一切的地位，从而似乎理所当然地把实证科学作为一切知识和价值的唯一归依和准则，导向了一种唯科学主义的思路。

与19世纪实证科学的主流思潮并肩而行的，在哲学上还有新康德主义和新黑格尔主义两大流派。19世纪后期英国的新唯心主义（新黑格尔主义）几乎成为当时英国哲学的主潮；而同时在德国，新康德主义的各个流派则蔚然成为当时德国哲学的主流。平心而论，新康德主义的贡献有其绵密而深刻的一面，是不宜一笔抹杀的，尤其是它对于自然科学（至少是19世纪意义上的）与精神科学（Geisteswissenschaft）两者所做的区分。政治和学术双方的关系，本来是既有相互关联的一面，同时复有其相互独立的一面。第二国际打出了"返于康德"的口号，这就不免影响到康德哲学在第三国际的遭遇。

康德哲学是以"批判哲学"一词而擅名的。一提到"批判哲学"，一般地首先而且主要的都是指他的三大批判。三大批判都已有了中译本，而且不止一个。最近又读到了杨、邓两先生的《三大批判精粹》这一选译本，于原有各译本之外，重新选译了三大批判的若干篇章，以期中译文的一贯。我认为凡是经典著作都不妨有，而且应该有多种译本，这样不但可以百花争艳，各擅胜场，而且有助于读者得到多角度的领会。《老子》一书仅英译本迄今即已有数十种之多。歌德的《浮士德》我手头即有波·泰勒、拉瑟姆和考夫曼的三种英译本。泰勒的译文均用原韵，读来清新可喜；拉瑟姆的译本厚重有力，似更能传达原文的雄浑气势；而考夫曼的译文出自哲人手笔，更能传达哲理的深度。杨、邓两先生的工作不失为对我国的康德哲学研究和阅读做出了新的贡献，至足称道。我于拜读之后，也不禁有点小小的意见，仅供刍荛。

三大批判都是出之于体大思精的理论体系建构，而200多年前的文风对于今天的读者又是那么佶屈聱牙、晦涩难读。不久前友人钱广华兄还向我提及，当年做学生时根本就读不懂，却又因为是哲学专业而不得不读。哲学专业尚且如此，则一般读者更可想而知。一座以严密的思辨建构起来的理论大厦，现在要只抽出其中的若干片段，难免使人有拆散七宝楼台之感，而且极有可能使读者在浅尝辄止之余难于对它的整个体系获得一个较为完整的概念。与其如此，似不如哪怕是只读一部书，但是要读一部完整的，以便至少仅就某一批判而言可以领略一个较为完整的观念。读一部完整的书，至少就理解某一家哲学而言，似乎要比读上三部但每部只读其三分之一，要更能体会其思想的精神和实质。完整地读一遍三大批判，要比读一遍选读多付出两倍的精力，可是比起读三遍选读所付出的同样精力来，其间收获的悬殊就不可以道里计了。两位作者既已付出了巨大的劳动，完成了一部《精粹》选本，曷不再接再厉，提供给读者三部完整的批判？不同的读者有不同的要求。如果读者只是想略窥门径，自不妨仅仅阅读选本乃至语录。但如果想进一步知道康德体大思精的理论是怎样建构的，则可以读某一部乃至三部批判的全书。然而即使是三大批判全书也仅是他理论体系的建构。至于他那全部人学思想的丰富内涵，则似乎尚有必要介绍他的前批判时期以至后批判时期的若干重要著作。这里"后批判时期"是我杜撰的名词，系指他纯粹理性批判以后的晚年著作，亦即卡西勒所称的第四批判或《历史理性批判》。康德晚年的思想重点已明显地转移到了社会历史方面上来，而正是这一方面最足以反映启蒙运动时代精神的觉醒的高度。自文艺复兴以来的时代精神，其核心端在于人的觉醒，它在康德的思想可以说达到了最高度的自觉。卡西勒是科学院《康德全集》的主编，是新康德学派中可以称为"最为大师"的代表人物。本书于参考书目中却并未列入他和他的《康德的生平与思想》一书（以及狄尔泰）的名字，似不免令人有遗珠之憾。

19世纪以来，西方哲学大抵即沿着康德和黑格尔两条路线在展开，形成新康德主义和新黑格尔主义两大思潮，甚至在中国也有它的反响。记得10多年前美国加州大学M. Furth教授来京，在北大讲希腊哲学，我请他吃饭。席上周礼全兄就说道："哲学家不是康德派，就是黑格尔派，中国哲学家也有这两派。"说时，他指着在座的贺麟老师说，这位就是中国的黑格尔派；又指着在座的李泽厚兄说，这位就是中国的康德派。赖辛巴赫（Hans Reichenbach）在他的《科学哲学的兴起》一书中比较过康德和黑格尔两人。他认为系统哲学到康德便告终了，自此之后的系统哲学，都不外是伪科学，康德哲学不失为对哲学做出一番严肃的科学探讨，而黑格尔的哲学却只不过是一派武断的形而上学。他的这一论断究竟能成立否，读者自可以见仁见智。不过康德、黑格尔两家的历史命运却是有幸有不幸。第二国际的"返于康德"，旨在以康德哲学深化马克思主义的理论思维，但他们政治上的机会主义却难免殃及池鱼，使康德随之也蒙受无妄之灾。前不久世界史所研究苏联的专家陈启能兄曾语我，当今俄国学者有这样一种说法，即苏联的哲学思维一味沿着黑格尔的路线走下去，全然忽视了康德的批判哲学，以致在思想理论上走入迷途，越走越远。这一契机被认为是苏联陷入理论误区的哲学根源。或许应该说，学术与政治从来就具有一种微妙的两重性，两者总是互相制约和互相影响。然而同时在另一方面，一种思想理论一旦形成之后就脱离了它的作者而获得了它独立的生命。它是以其自身的价值而存在的，与它由之而诞生的母体无关。拉瓦锡被公认是近代化学之父，他在法国大革命中由于自己的贵族身份而被送上了断头台，但这并不影响他依然为"近代化学之父"。我们评价一个政治人是根据他的政治身份，我们评价一种学术思想，则是根据它自身的理论价值和贡献。这里是两种性质不同的价值评估。

　　就康德的思想而论，情况就显得更为特殊一些。过去读康德的，大抵都是从他的纯粹理性批判入门，从纯哲学论证的角度去理解他的理论。这当然是必不可少的。但同时如果能把他放在一个更为广阔的历史背景下加以考察，我们似更宜把他看成是整个近代启蒙思潮最卓越的代表，这就不单是从逻辑分析的角度，而更是从整个思想史的大潮流来理解这位哲人了。或者说也不妨像文德尔班那样，就前康德、康德、后康德三个阶段来观察和评估整个一部近代思潮史。然而如果仅读他的三大批判，就容易陷入纯概念的分析，而不大容易得出一幅近代思潮血色鲜妍的史诗般的画卷来了。人是理性的动物，其所以异于禽兽而为人的"几希"，全在于理性的觉醒。所谓启蒙运动，无非就是一幕人的理性的自觉过程。这正是康德《什么是启蒙》那篇名文所界定的："启蒙就是人类脱离自己所加之于其自身的不成熟状态。"什么是不成熟状态？"不成熟状态就是不被别人引导，就对运用自己的理智无能为力。"所以"要敢于认识"，"要有勇气运用自己的理智"——这就是启蒙。康德自谓他一生受到两个人思想上的强大影响：在科学上是牛顿，在人文上是卢梭。纯粹理性批判所依据的对象是牛顿的经典体系，而人文批判的依据则是卢梭的自然权利。这两方面的结合就成为启蒙运动最高的理论综合，即康德哲学。经过了200年历史的曲折，我们似乎不能不怀着一种复杂的矛盾心情来看待当年的启蒙运动。一方面我们会觉得他们过于天真，竟至于无限信仰和无限崇拜所谓的人类理智，人类理智是一往无前所向披靡的，只要忠于它，它就会把人类带入地上的天堂。但另一方面，我们也会艳羡他们对理想的执着，使他们的生活充满了一种圣洁的光辉和幸福。贝克尔说得好，假如当年罗兰夫人这位法国革命的女杰能预见到她的理想落实到现实层面上便只是法兰西第三共和，她大概就不会有那么大的勇气走上断头台了。

康德晚年的思想，显然把重点转移到了人文方面来，他晚年的一系列重要论文均可为证。它们与第三批判一脉相传的目的论，尤其蔚为其间的一条中轴线。因此之故，卡西勒才径直命名为第四批判，尽管他没有来得及完成有如三大批判一样的第四批判。过去的习惯每每把康德的理论判然划分为前批判期与批判期，竟仿佛一个人的思想可以被断然割裂为迥乎相同的两截。竟仿佛前一截全是形而上学的大梦，而对三大批判以后的一系列重大的人文关怀，又全然不予理会。为了更准确而全面地理解康德，我以为允宜出版一套康德选集，其中除了三大批判而外，似尚应包括前批判时期以及批判和后批判时期的如下作品：《自然通史和天体理论》《一个通灵者的梦》《论感性界与知性界的形式与原则》《论优美感与崇高感》《未来形而上学导言》《道德形而上学探本》《法的形而上学原理》《什么是纯粹理性范围以内的宗教》《一个世界公民观点之下的普遍历史观念》《人类历史起源臆测》《什么是启蒙》《永久和平论》《系科之争》。这样，读者就不只限于读他的选录乃至某一部书，而是可以领略他思想全貌的大旨。

前面已提到，译文可以而且应该不限于一种。文集也可以而且应该不限于一种。即如唐诗宋词，就不知已有了多少种选本，它们尽可以有不同的思路。就我所知，哲学研究所的王玖兴兄多年来就一直在进行编译一套六卷本的《康德文集》的工作。而《纯粹理性批判》一书采用的就是他自己的译文。王玖兴兄半个多世纪以来一直致力于德国古典哲学的研究，这部即将问世的《康德文集》是他毕生精力的荟萃。李泽厚兄《批判哲学的批判》一书问世已有20余年，它标志着我国学术界也有了我们自己的康德研究和更广义上的哲学研究。不站在前人的肩膀上就无由前进。要前进，要超越前人，首先就要学习前人、认识前人。

最后，附带说一件小事作为尾声。近年来三大批判均已有不止一个译本了，这当然是件可喜的事。一部经典著作应该容许有多种不同的表达方式。例如第二批判结论中的那段脍炙人口的名言："我头上的星辰满布的天空和我胸臆中的道德的规律"，这句名言被《精粹》一书精简掉了，而一般有关的书中却是常常要引用的。这句话的原文是：有两件事充满了我们的心灵，"mit immer neuer und zunehmender Bewunderung und Ehrfurcht"，这句话 Abbott 的英译本作 "with ever new and increasing admiration and awe"（London, Longman Green Co., 1909, 6th.ed., p.260）。文中的 immer neuer，早年关文运先生的中译本作"天天在翻新"。"翻新"一词在中文中似往往带有贬义，如旧货翻新、花样翻新之类。北大韩水法先生1999年的中译本中此词作"新鲜不断增长的"。此书承韩先生赠我一部，我于拜读和钦佩之余，还曾向他提过一个小小的建议。我以为immer neuer的中译文不如径用中国古语的"苟日新，日日新，又日新"译作"日新又新"，似较妥帖。这不过是我个人的一孔之见，不知韩先生以为何如。我只是想借此说明，何以一部好书可以而且应该有不止一种译本，正如一部好书、一种重要的理论可以而且应该有不止一种的解读、不止一种的选本。

原载《读书》2003年第3期

关于康德的第四批判

◇ 启蒙运动是人类文明史上最为光彩夺目的一页,而康德则是启蒙哲学理所当然、当之无愧的最卓越的代言人。

◇ 自从文艺复兴以来,近代思想的总趋势即是"人"的觉醒;它到了启蒙时代康德的理论里达到了最高境界。

◇ 学术思想是不可能脱离政治的,然而它也不可简单地就直接等同于政治的驯服工具。

去年2月(2003年)曾去参加一个康德三大批判新译本的首发式。一种学术思想的价值如何,固然并不有赖于是否有隆重的仪式为之作秀,然而仪式是在人民大会堂举行且有领导人出席,仍不失为反映它之为主流社会所认可的程度。归来途中,不禁联想到康德哲学百年来在中国的命运。因为自从20世纪之初梁启超、王国维这两位中国近代学术思想界影响最大的领军人物最早把康德引进中国以来，至今恰值整整一个世纪。

梁老先生在20世纪初叶大量介绍了西方近代思想给中国，可以称为开启了中国近代思想的一大功臣。至于轻薄为文者流讥评他是转手贩卖，反倒是表明了自身的幼稚、浅薄和无知。因为那个时代正如一个初学识字的幼儿，浅薄、无知和可笑都是正常现象。正有如杜诗所谓："尔曹身与名俱灭，不废江河万古流。"梁、王一辈乃当时之体，是无愧于江河的万古奔流的。王老先生最初读《纯粹理性批判》，读不懂，再读，仍不懂；后来读了叔本华和尼采，再回过头来读康德，才感到有会于心。20世纪40年代之初，我们一辈青年学生初读康德也局守当时流行的办法，都是从《纯粹理性批判》一书入手的。当然，最初也是读不懂。记得有一次，我向同学友人王浩谈道："连王国维大师都读不懂的，我们大概是没有希望能读懂了。"他回答道："话不能这么说，王国维没有读过近代科学，所以他读不懂。我们有了近代科学知识，我们是会读懂的。"这一说法，后来我体会是不错的。确实，《纯粹理性批判》的出发点归根到底不外是牛顿经典体系的世界构图。王国维的著作中没有他曾学过或掌握过牛顿体系的记载，而那却是我们青年时都已熟悉了的。从他的文章中，也看不到有任何牛顿体系式的思维方式，像是我们从《自然通史和天体理论》中可以鲜明地感受到的。当然要阅读康德的古典哲学那种冗长而沉闷的文风,确实是要费一点力气才能啃得动;不过,里面的思路却是清楚明白的,不像某些后现代的著作,往往似乎文字本身倒也简单明了,然而读罢却令人一头雾水,不知究竟说的是些什么。有些论者不顾原文的思路与文风,动辄指责译文不流畅、不好懂,乃至难以卒读。然则一定要把康德(或黑格尔、马克思)这类经典著作都译成通俗读物乃至儿童文学才算是好懂吗?译文必须忠实于原文、忠实于它的思路和它的风格。这是需要费点工夫去体会的。如果这点劲都不肯费的话,那就还是老老实实去读儿童文学吧。甚至于王老先生,当他从叔本华和尼采的生命哲学的思路再回过头来读康德时,他自以为是读懂了;可是,这条思路距康德那严谨的批判精神和思路却是更其遥远了。

与会归来不数日,意外地收到一封陌生者的信。中译文摘要如下:

> 过去的一个学期中,在由鄙人主持的奥地利维也纳大学哲学系历史理性批判高级讨论课上,我们就您的同名文集中有关康德历史理性批判的文章进行了讨论。目前在奥地利两名

知名学者（Wilhelm Dilthey 及 Alois Dempf）对这一领域的学说思想正在展开激烈的讨论。尤为引人注目的是两者均回溯到康德的历史哲学……

我想在此对您在这个领域里的研究和贡献表示真诚的感谢！当然，还是有很多问题仍有进一步深入讨论的必要。比如在康德的学说中并没有阐释他那著名的三大哲学问题——我能知道什么？我应该做什么？我可以希望什么？——它们在哲学上的理由。但也许第四个问题——什么是人？——才是最重要的。因为拙意以为或许这个问题可以解答——您书中所提出的对康德的疑问（为什么康德没有对我们认识历史的能力首先进行批判）——历史知识在人类学中的不可测度。更明确地说是可以解释康德为什么会有这种独断的、超验的历史哲学。

维也纳大学教授 Dr. Cornelius Zehetner

看罢信，不禁又引发多年来萦绕在自己心头的一个问题，即我们究竟应该如何来看待和评价继三大批判之后而来的第四批判?

第三批判于1790年问世,从而完成了人们所谓的三大批判的伟业。这一年康德66岁。此后,自1790年至1804年,即他一生最后的阶段里,他的思想理论的工作重心显然地已转移到了"人"的问题上:人的历史和人的归宿。有关这方面的一系列著作足以表明康德的晚年是怎样力图明天人之际,权古今之变,从目的论的高度着眼于建立一套人类历史的哲学作为自己毕生这篇批判哲学大文章的结穴。此所以卡西勒才特标它是康德的第四批判,即《历史理性批判》。也许是由于年事已高,康德确实并没有完成一部《历史理性批判》题名的大作。但是1794年《万物的归宿》、1795年《永久和平论》、1797年《人类是不断朝着改善前进吗?》以及此前80年代的《一个世界公民观点之下的普遍历史观念》《什么是启蒙运动》《人类历史起源臆测》等一系列论文,都足以明确无误地指明这位启蒙运动的最卓越的哲人晚年定论之所在。

启蒙运动是人类文明史上最为光彩夺目的一页,而康德则是启蒙哲学理所当然、当之无愧的最卓越的代言人。我们只需比较一下孔多塞的历史哲学和康德的历史哲学,就可以看出二者层次高下之不同。孔多塞的《人类精神进步史表纲要》确实是法国启蒙运动一纸光辉夺目的历史哲学宣言书,它揭橥了启蒙乃是人类历史前进的唯一动力,但他所谓的理性却仍然只限于知性范畴之内的知识,从而就把历史理性开展的过程等同于知性知识进步的历程。这是他启蒙哲学的局限性之所在。在这里,康德较之孔多塞真是高出了一个数量级。理性到了康德这里,已不再局限于狭义的知性或悟性,而是在更高一级并在更深的层次上统摄人类全部心灵能力的理性。理解康德而止步于他的三大批判,对于认真地理解他的目的论似乎是仍有未达一间——如果我们同意哲学也就是人学的话。最初读康德的历史哲学时,我原来期待着他也会像(或者应该像)《纯粹理性批判》那样,在从事考察历史本身之前,应该首先是从对人们认识历史的能力进行一番批判入手,即我们怎么才可能以及我们是怎样地认识历史的?但是他没有这样做,他并没有首先着手探讨我们对历史的认识是如何才成为可能的,就径直着手去揭示历史的本质,就有如圣多默要径直去摸触耶稣被钉在十字架上那双血手的真实性,而根本就没有考虑到这样做(以人智去窥探神智)是不是会亵渎神明。Zehetner 教授在信中也提到,在三大批判所提出的问题之后,也许第四个问题"什么是人?"才是最重要的。我同意这个提法。起初,我对于康德并没有考察我们对历史的知识是如何成为可能的,就径直拈出人类历史的起源和归宿（或鹄的）这种思路，觉得似乎颇显武断，而有悖于批判哲学的批判精神。及至一再读过了他的第四批判之后，始恍然于提这个问题是多余的，是一个根本就不存在的问题。康德本人早已给出了解答。康德明确说过他自己的思想来源于两个人，一个是牛顿，一个是卢梭。人们越是读康德，就越是可以体会到：在对自然世界的认识上，他的思想是以牛顿体系为模型的；而在对人文世界（也就是历史）的认识上，他的思想基本上脱胎于卢梭的理论。我们对于自然世界的认识有恃于我们先天的或先验的认识能力。我们对于人文世界的认识，则要靠我们的另一种先天的或先验的道德力量的驱使，它直接地使我们明心见性而不需要事先进行一番批判的检验。阅读康德时，如果紧密地联系到牛顿《自然哲学之数学原理》与卢梭《社会契约论》两书，许多问题就都更易于理解了。

康德的意思不外是说：上帝创造世界时，便为自然世界（也就是为我们的认识能力）立了法，所以自然世界就必须遵循自然世界的必然法则。上帝又创造了人（或人文）的世界，他也就为人文世界（也就是为我们的自由行为的能力）立了法，但这个人文世界之法却是自由而不是必然，因此人就可以为善，也可以作恶。自然世界是必然的，所以是没有选择余地的；人文世界是自由的，所以是由人做出抉择的。仿佛是上帝一旦创造了人，就把自由赋予了人，所以人就不可能是必然的而不是自由的。这正是卢梭的基本论点：人是被迫自由的。也就是说人是非自由不可的，不自由是不可能的，所以说："人是生而自由的。"人既然只可能是自由的，所以人文世界的历史就是自由人的自由事业，并没有先天注定了非如此不可的、不以人的意志为转移的必然。假如人生于世只可能为善、不可能作恶，那么人世间的一切政治法律的规范就都没有存在的意义了。故而自然世界的历史是从善开始的，因为它是上帝的创作，而人类的历史则从恶开始，因为它是人的创作。创作了恶就见证了人的自由。康德对此引述了《圣经》的故事：人类吃了禁果，懂得了善和恶，所以便从天堂堕落下来了。既然人是自由的，所以恶（自私，康德称为"非社会性"）便是人类历史中不可或缺的，甚至是根本性的一环，由此才可能成其为"非社会的社会性"。正如一片茂密的森林，正是由于有许多树都在竞相争取阳光和空气、努力向上的结果。如果只有一棵孤零零的树，它必然会生长得憔悴而扭曲，得不到茁壮的成长。和康德同时的亚当·斯密不也正是这样设想的吗？在一个自由竞争的社会里，每个人都能以最大限度的自由去追求自己最大的利润，那么这个社会一定会是尽可能美好的社会。但是卢梭对此却是忧心忡忡。他所向往的是：返于自然。因为一切出自自然的事物都是美好的，但一经人手就坏了。（也许可以设想，当代的圣雄甘地和哲学家罗素多少也有类似的想法。）所以卢梭一方面煞费苦心地要为人间制定完美的立法，但同时另一方面却又有鉴于人性的腐化和堕落而不免忧心忡忡地感叹要为一个国家订立一套完美的立法，简直是非得先有一群天使而后可。但是，康德针对这一点却反驳道：为一族人民立法，并不需要有一群天使而后可，哪怕是一群魔鬼也可以，只要他们有此智慧。多么深切的论断！只要魔鬼有此智慧，他们也会和天使一样，更何况还不是一群魔鬼，而是一群自由的、既可以为善也可以作恶的人民！康德脱胎于卢梭，而又高出了卢梭整整一个数量级。

自由是人文世界历史的前提，历史乃是自由人民的自由事业，它绝不是自然世界中那种被给定了的必然。它既然是在自然世界之中进行的，当然也就要受到自然世界的必然性的制约。但同时它又是自由人的自由创造，所以它又是人文的（自由的）历史，而不是自然的（必然的）历史。这种意义上的自由的历史，乃是他思想上的最后归宿。理性一词在以前往往被混同于"知性"或"悟性"，到了康德的手里才明确了理性的三个层次，从而分清了理性和悟性的界限。启蒙哲学家，尤其是18世纪法国的启蒙哲学家（philosophe，台湾学者译此词为"哲士"，以有别于通常意义上的哲学家）往往把历史发展的历程等同于人类知性或悟性认识发展和提高的过程，这正是他们思想的局限性之所在。康德之所以比他们高明，就在于他以理性自身来论证人类法治社会（或公民社会）的发展，从而把先验的原则和自由人的自由事业打成一片，而且它还将以永久和平为其归宿。但那归宿并不是一个大一统的世界帝国，而是各个自由民族的一个联盟。可以说，自从文艺复兴以来，近代思想的总趋势即是"人"的觉醒；它到了启蒙时代康德的理论里达到了最高境界。庸俗的历史法学家咬文嚼字，硬是要追索那一纸原始的契约，但却只能是枉死在句下。理性所裁可的目的论是不能也无法实证的，而它又是非有此不可而又非如此不可的，没有它，你就不可能理解历史，也不可能赋予历史意义。法国启蒙哲学家们的那类历史哲学只不过是一厢情愿的天真幻想（但如果不是天真的幻想，又怎么可能会有那么激昂的热情呢？贝克尔说得好：假如当年罗兰夫人这位法国革命的女杰能预见到她的理想落实到现实层面上便只是法兰西第三共和，她大概就不会有那么大的勇气走上断头台了）——要到了康德的第四批判才赋之以更深层的、沉甸甸的先验哲学的内涵。

天人合一曾被有些学者认同为中国哲学的特征。但古今中外又有哪一家的哲学不是以指向天人合一为自己的归宿的呢?甚至于不妨说,凡是不归本于天人合一的,就不是哲学。所以天人合一并不属于某个民族或某个哲学家的特征。它是一切哲学家的本质和鹄的,问题只在于各有其不同的思想方式和论证。康德的历史哲学开宗明义的大经大法就是:大自然决不做徒劳无功的事(因此之故,人类的理性就必定是要充分地发展出来的)。大自然决不做徒劳无功的事这一命题完全得自牛顿《原理》一书的原文。这当然是纯属目的论的命题。于是它那必然的结论就只能是:大自然既然赋予人类理性,所以理性就必然要在全人类(但不是个体的人)身上充分地发展并表现出来。由此便推论出来他那一系列有关历史理性的论断,直到最后要有一个安斐克提昂联盟式的永久和平(此处牛顿《原理》一书,英文原文为:"Nature does nothing in vain. The more is in vain when the less will do." 郑太朴旧译把 the more 译作多数人,the less 译作少数人,完全误解了原义。)。但牛顿本人并没能从他的经典体系中推导出一套理性哲学的体系来。这一工作就留待康德来完成。若是没有这一条无懈可击而又无法证实的目的论,康德也许就不可能建立起他那如此之完美无瑕的先验哲学的体系。牛顿的体系讲的是自然界的必然法则，卢梭的体系讲的是人文世界自由的法则。自然界的必然和自由领域的目的这两者如何才能够使之两虑而一致、并行而不悖，亦即怎样把合规律性与合目的性二者相结合，便成为康德第四批判的中心问题。而康德的答案或许是在当时思想理论许可的条件之下所可能给出的最佳答案。康德的三大批判和成为他晚年定论的第四批判，距我们今天已经两个多世纪了。在这一漫长的期间，自然科学和人文科学也都经历了极大的发展和变化。但对第四批判主题的发扬却似乎迄今尚没有达到它今天所应有的高度。当代历史哲学的进展主要似乎局限于技术的层次上（如语言分析）或艺术的发抒上（如生命哲学）。今天的人们好像已经失去了200多年以前的先辈们所抱有的那种热情洋溢的美好憧憬和好学深思的严谨风格。他们那种高尚的境界和情操还能激起我们一代人心灵中的渴望和追求吗？但愿能如此。

哲学终究是绕不过康德这一关的，无论你是同意他，还是不同意。如果硬是要不理睬他，那就不可避免地要自甘愚昧而受到惩罚。在过去一个漫长的世纪里，这曾使得我们的所谓的科学始终被滞留在实证主义乃至实用主义的牢笼里。而所谓的知识，也就始终被局限在感性的和悟性的两个层次上。这些都是明证。学术思想是不可能脱离政治的，然而它也不可简单地就直接等同于政治的驯服工具。19世纪的社会民主党曾提出过"返于康德"的口号，而新康德学派（包括卡西勒、狄尔泰等人）也确乎做出了值得瞩目的成绩，都不宜简单地扣一顶帽子便轻易加以砸烂或抹杀。由康德所奠定的那种高瞻远瞩的批判精神，是永远值得人们珍惜的。而他之以第四批判作为其三大批判的归宿，也是永远值得我们深思的。

康德也懂历史吗?[*]

◇ 自由,以自由为基础的道德律和权利,绝不是一句空话,它是驾驭人类历史的大经大法。一切政治都必须以它为原则,否则政治就会堕落为一场权术玩弄。

◇ 对任何一种理论,恐怕既不应从单纯的外部环境加以解释而无视其内在的价值,也不应单纯着眼于其内在价值而无视其外部的环境。单纯从时代背景来说明思想,不免陷于庸俗唯物论;而不考虑时代的制约则不免陷于形而上学的独断论。

正如同样也可以问:康德懂文艺吗?康德写了一部美学巨著《判断力批判》,其中只引过一首腓特烈大帝写得实在很不高明的诗,此外并没有谈任何文艺。然而凡研究美学理论的人,大概没有人能忽略这部书。同

---

[*] 本文是应《读书》之约,就《历史理性批判文集》一书所写的。

样，研究历史的，大概也不应绕过康德的《历史理性批判》。

《历史理性批判》包括两篇历史哲学论文：《世界公民观点之下的普遍历史观念》（以下称《观念》，1784）和《人类历史起源臆测》（以下称《臆测》，1785）。它们和人们习惯想象的那位足不出哥尼斯堡、拘谨严肃而又"没有趣味的"哲学家的形象判若两人。正如他中年所写的《论优美感与崇高感》与《一个通灵者的梦》一样，两篇文章文思流畅、清明似水，洋溢着机智和幽默，宛如一阕谐谑的插曲——例如，其中提到城市姑娘总比乡村姑娘漂亮，这必然对于游牧部落成为一种强有力的吸引——但又始终不失其深邃的洞见。全文体大思精，首尾一气呵成，是一长串理论思维锤炼成的精粹的提纲，并与他整个的批判体系打成一片，成为三大批判之外的第四批判；卡西勒称之为《历史理性批判》，Composto 的专著则径直题名为《康德的第四批判》。

两篇论文均甚简短。《臆测》一篇尤为貌似游戏，其中以基督教神话附会文明进步的史实，信手拈来均成妙谛，简直难以想象世上居然还能有如此之异想天开而又推论严密，如此之风趣盎然而又题材严肃的论文了。它所要表示的无非是：历史是一个理性的开展过程，我们在圣书中就可以找到它的原型。解经而出之以如此别开生面的方式，真可称为"非常异议可怪之论"。无怪他晚年终因《万物》[1]一文触犯当时的文网而受到处分，被禁止讲授神学。大抵古今中外大家的即兴之作，虽似小道，亦必极有可观（如杜甫的打油诗，贝多芬的小调之类）。哲学家也不必总是整天道貌岸然地滔滔不绝在说教。

本文写作的年代介于第一（1781）与第二（1788）两批判之间，即美国独立之次岁与法国大革命的前夕。文中传达了一个重要的信息，即"我们所处的时代是一个批判的时代"（《纯粹理性批判》）。第一批判开宗明义就提出："我们一切知识都始自经验，这是没有疑问的。"但知识始自经验，并非意味着知识就是经验的产物。与经验主义者不同的是，康德认为人心并非一张白纸，知识的成立尚有赖于先验的（非经验的）成分。经验提供素材，而把材料构造成一座知识大厦的，则有待某种先验东西的加工。同样，史料只是素材，要勾画出完整的历史画面，也有待于某种先验东西的加工。这种先验的东西，康德称之为"观念"（Idée 即 Idea，以有别于 Vorstellung）。观念并不是历史的产物，而是我们强加于历史之上的。观念是前提而不是结论，没有这

---

[1] 《万物》即《万物的终结》。——编者注

个前提的引导，我们就无从理解历史；正如没有范畴，我们就无从理解物质世界。一部二十四史是摆在那里的，古人读史是读它，今人读史也是读它；但古人和今人的理解和观念却截然不同。如果是论从史出，则古人读史早就应该得出和今人相同的理论和观点了。所以康德的先验论，并不像它表面上看去那么有悖于常识。观察历史（正如观察自然），我们总需戴上一副眼镜的，《观念》就是那副不可或缺的眼镜。

《观念》的第一条命题是："一个被创造物的全部自然禀赋都注定了终究是要充分地并且合目的地发展出来的。"所以理性这一自然禀赋，是终究要充分发展出来的。但这个命题不能从史料中得出来，它根据的只是这一观念："大自然决不做徒劳无功的事。"这个观念牛顿曾以之指导我们了解自然世界（《原理》），康德则引用于解说人类历史。牛顿的形而上学就这样被引入历史哲学，其间我们看不出有任何斧凿的痕迹（还有：康德与边沁、康德与亚当·斯密之间的某些惊人的一致）。

但是大自然的这一目的，却不是在个人的身上而只是在整个物种上才会实现，因为个体的生命太短促了。既然是要在整个物种的身上实现，就需要有一个使之得以实现的条件，因而"大自然迫使人去加以解决的最大问题，就是建立起一个普遍法制的公民社会"（《观念》)。同理，这一人与人之间的公民社会，又必须在一个更高的层次上（在国与国之间）重演，建立起一个各民族的联合体（而不是一个大一统的世界帝国），因而理性的充分发展也就是人类永久和平的唯一保证——1795年的名文《永久和平论》（以下称《永久》），其大旨不外如是。

大概没有人比康德更深刻又更敏锐地意识到：经验的事实永远是流变不居的，所以普遍的有效性就只能求之于永恒不变的先验形式，而不能基于经验的事实。道德的准则只能是纯形式的教诫：你必须按照能够成其为普遍准则的做法去行事（《实践》《探本》[1]）。晚年又明确提出："凡是根据理性的理由对于理性是有效的，对于实践也就是有效的。"（《论通常》[2]）历史是人类的实践行为，所以它当然也以理性的理由为唯一的准则。历史理性一旦这样成立，人类历史的两重性（自然性与道德性、必然与自由）就被结合为一体，亦即历史在两重意义上是有理性可以籀绎的，即（一）它是根据一个

---

[1]《实践》即《实践理性批判》，《探本》即《道德形而上学探本》。——编者注

[2]《论通常》即《论通常的说法：这在理论上可能是正确的，但在实践上是行不通的》。——编者注

合理的而又可以为人所理解的计划而展开的；（二）它又是朝着一个为理性所裁可的目标前进的。前者是历史的合规律性（Regelmäßigkeit），后者是历史的合目的性（Zweckmäßigkeit），康德之结合自然规律与自由事业的这种尝试，不但前无古人，也使后来者难以为继。到今天，西方学人大都已放弃了这一思辨的努力，而转入分析历史哲学的途径。

历史是理性发展的过程，当然大体上也就是一场由坏而好、由恶至善的不断进步（《重提》[1]）；同时既然万物的发展都有一个终结（《万物》），历史有没有一个终结呢？这又是一个永远不能解决而永远要追问的问题。黑格尔肯定它是有一个终结的，那终结就体现在普鲁士政权的身上。[前两年福山（Francis Fukuyama）写了一篇颇为耸动但浅薄无稽的文章《历史的终结》，认为历史已经以200年前法国革命的原则而告终结了。]康德、黑格尔两人面临同样的问题。但黑格尔是霸道的、武断的，认定全部人类历史都已被囊括在他那历史哲学的体系中。康德则是谦逊的、探索的。他谦逊地承认迄今为止人类历史的行程还太短，不足以验证他

---

[1] 《重提》即《重提这个问题：人类是在不断朝着改善前进吗？》。——编者注

的原则；他还谦逊地承认自己不懂得历史，只是在臆测，并期待着历史学界出现一位开普勒或牛顿来探索历史的定律（《观念》）。这和黑格尔咄咄逼人、剑拔弩张的霸气，恰形成鲜明的对比，反映出两人迥然不同的人格和风貌。赖辛巴赫评论两人说："黑格尔曾被人称为康德的继承者；那是对康德的严重误解，也是对黑格尔不恰当的过誉。康德的体系不失为一位伟大的思想家要把理性主义建立在科学基础上的企图；黑格尔的体系则是一个狂信者的简陋的虚构。"他还断言："系统哲学到康德就终止了。"这种臧否是否妥当，可另作别论。但两人的历史哲学予人以不同的感受，则是不争的事实。也许这种感受完全是出自读者个人的倾向，有如周礼全兄所说，每个人（在气质上）不是个康德派就是个黑格尔派的缘故吧。

读康德的人大多以第一批判为入门，有时兼及第二。一般很少读他的第三，更谈不到第四。最令人遗憾的莫过于就连王静安那样一位美学大师而兼史学大师，也未能接触到第三和第四。倘若他读过了又会得出什么样的结论，这就只好留待我们的想象了。我猜想，他或许更少一些叔本华那种浅薄而廉价的悲观论，或许另有一种为目的论所鼓舞的、面貌一新的《红楼梦评论》《人间词话》和一系列的历史论文。无论如何，单是这种猜想，就足以令人回味无穷了。

第一批判认为物自身是不可知的，第二批判认为道德律是内在的、超感的、不可思议的。这就使他不能不陷入把世界分裂成互不交通的两橛之苦。康德晚年极力追求由分而合，要把天人打成一片。第三批判是通过审美，第四则通过历史。此中最重要的理论契机，全在于其间贯彻始终的目的论。目的论是一座桥梁，由此沟通天人之际。《纯理》[1]偏重分析，此后逐步转入综合。大抵一种理论，非分析无以成其绵密，非综合无以成其高深。他晚年畅论天人之际的著作，仿佛把人带到更高一层的境界，使读者如饮醇醪，不觉自醉。理论凡是达不到这一步的，大概就不能真正使人崇高或净化（catharsis）。那种境界，逻辑分析是无所用其伎俩的，但又绝不违反理性思维的原则。《浮士德》所谓"那不美满的，在这里完成；不可言喻的，在这里实行"，庶几近之。这种境界虽非很多人都能达到，但却是一切哲人都在祈求的；因为每个哲学家最后都是要"论证（justify）上帝对人之道"，并且要论证这个道是公正的（just）而且是可论证的（justifiable）（弥尔顿语）。

我们的知识并非单纯是客体的反映而已，其中还有

---

[1]《纯理》即《纯粹理性批判》。——编者注

主体（先验的认识形式）的参与。"悟性并不是从自然界中得出定律，而是它把定律强加之于自然界。"（《导言》[1]）我们自身乃是我们对外界知识的先验的立法者。历史知识既然也属我们对外界的知识，所以就不但要服从自然律，也要服从我们先验的立法。这个先验的立法又是什么呢？那就是"普遍的历史观念"——是它把历史素材组成一个知识的体系。早在1755年他就明确地表示过这一目的论："为什么物质恰恰具有能达到这种合理而有秩序的整体的规律？""难道这不是无可否认地证明了……必然是一个至高无上的智慧按照调和一致的目标来设计万物的本性吗？""整个自然必然是最高智慧在起作用。"（《通史》[2]）28年以后又明确提出："我们构想这个世界，就仿佛它那存在和内在规划都是由一个至高无上的理性而来的。"（《导言》[3]）再过7年在第三批判（第83—84节）中遂对这一目的论的精义，大畅玄风。历史哲学的论文则就历史论证了善与恶的统一，局部的恶成就了整体的善。非社会的社会性实际上就是圣诞颂歌中的"上帝与罪人的和解"。从而"个别的人甚至整个民族，很少想得到：当每一个人都根据

---

[1] 《导言》即《未来形上学导言》。——编者注

[2] 《通史》即《通史概论》。——编者注

[3] 《导言》即《未来形上学导言》。——编者注

自己的心意并往往是彼此互相冲突地在追求着自己的目标时，他们却不知不觉地是在朝着自己所不认识的自然目标作为一个引导而在前进着，是为了推动它而在努力着"（《观念》）。这种天人合一，才真正名副其实地是一幕"理性的狡猾"。

大自然决不做徒劳无功的事，她一旦把理性和自由给了人类，这就够了；从此她就不再去插手干预，而是让人类自己去创造自己的一切——这就是历史。在这里，自然哲学、道德哲学与历史哲学能够如此之巧妙地合为一体，真令人不能不惊叹作者思想创造力之丰富。自由与必然、历史与观念、普遍与特殊、德行与幸福，天与人之合一，其理论的展开是那么顺理成章，仿佛笛卡尔以来的一切二元论问题，至此均告解决。目的论终于把分裂成两橛的世界又统一起来。康德晚年的重点有逐步转移到历史和政治方面来的趋势，如1793年的《宗教》[1]，1795年的《永久》，1798年的《系科》[2]。因此第四批判的提法，确属事出有因且查有实据，并非纯属想当然耳的杜撰。

"天意"一词原文为 Vorsehung（英文 Providence，

---

[1] 《宗教》即《宗教生活的基本形式》。——编者注

[2] 《系科》即《系科之争》。——编者注

不知是否更应译作"天道"），是指"世界进程之中的合理性"，也就是"大自然"；康德更多的是使用"大自然"一词，他以为它比"天意"更适宜而且更谦虚（《永久》）。大自然等于天意，这本来是18世纪流行的见解；法国大革命期间罗伯斯庇尔还举行过宗教仪式，崇拜宇宙间至高无上的理性。伏尔泰笔下的 Candide（老实人），经历了无数的坎坷之后，终于得出结论说："还是得好好耕种自己的园地"；康德谈了那么多历史哲学之后的结论是："我们应该满足于天意。"（《臆测》）大自然的规划如此，我们就必须在它面前谦卑。这谦卑并非是要求人们退缩，而是要求他们进取，要求他们尽自己的义务，也就是要珍重自己的权利和自由。如果不珍重这个自由权利，那就是卢梭所说的"放弃自己做人的权利"了。自由，以自由为基础的道德律和权利，绝不是一句空话，它是驾驭人类历史的大经大法。一切政治都必须以它为原则，否则政治就会堕落为一场玩弄权术。从根本上说，政治和道德是统一的，此外一切形式的马基雅维利主义（洋"法家"）在理论上（因而也就在实践上）都是站不住脚的。康德反复申说的基本论点是：人是目的，不是工具（所以他一定不会同意任何的"驯服工具论"）。人本身就是目的，是大自然的目的，所以"有理性的生物（人）一律平等"。（《臆测》）人以其天赋的尊严都是平等的,否认这一点就只是宣扬奴隶道德。任何统治者如若把自己的同胞当作工具,那就"违反造化本身的终极目的了"(《重提》)。"你不能以别人为工具"这一准则落实到政治层面上便是:"凡是人民所不会加之于其自身的东西,立法者就不得加之于人民。"(《论通常》)其后黑格尔却由此走入只问目的、不择手段的地步,以目的本身论证手段的正当(洛克认为:你不能用一种坏手段达到一个好目的),从而否定了道德至高无上的地位;而在康德,则道德在任何情况下都绝对是第一位的。

从柏拉图以来就有一种"哲人王"的理想,宣扬应该由最有智慧的天才来统治子民百姓。康德反对这种理想,一则因为它在理论上违反了人的尊严和权利,二则因为它在实践上行不通。我们之所以"不能期待国王哲学化,或者哲学家成为国王,也不能这样希望",是"因为掌握了权力,就不可避免会败坏理性的自由判断";而且更可悲的事实是:"一旦掌握了权力,谁都不肯让人民去替他制定立法。"(《永久》)权力把仆人转化为主人,也就把主人转化为仆人。如果从哲学理论再回到历史现实上来,那么18世纪的民主思想(康德是它当之无愧的哲学代言人),其出发点仍然只是一种信念;例如,他的所谓人是目的(以及人人自由平等),《独立宣言》的"一切人都生来平等""生存权、自由权和追求幸福之权"都是自明的真理,《人权宣言》的"人在权利上是生而自由平等的""它们是自由权、财产权、安全权和抵抗压迫之权"。这种信念一直持续到现代,如第二次世界大战时,1941年年初罗斯福提出的四大自由,同年夏《大西洋宪章》所重申的自由理想。但是这里除了信念而外,确实再没有任何别的什么可以论证这些命题的正确性和必然性。一个怀有不同信念的人,完全有理由拒绝它们。

对任何一种理论,恐怕既不应从单纯的外部环境加以解释而无视其内在的价值,也不应单纯着眼于其内在价值而无视其外部的环境。单纯从时代背景来说明思想,不免陷于庸俗唯物论;而不考虑时代的制约则不免陷于形而上学的独断论。对康德历史哲学的二律背反,似亦可作如是观。

康德历史哲学的努力究竟是成功了呢,还是失败了呢?Fackenheim,Mazlish等人都认为它是一场失败。不过我想,这恐怕有赖于我们怎样看问题。就经验的真理要求证实、从而必须摒弃一切形而上的公设(Postulate)而言,任何一种想要建立思辨历史哲学的企图都肯定是要失败的,康德也不例外。凡是企图建立在经验基础之上的历史哲学,都必然受到不断变化着的经验事实所修正，所以永远达不到一个完整的体系。但就建立一种先验的思辨历史哲学而言，情形就不同了。正如自由、平等之类的观念，历来不知有多少人根据事实加以驳斥，而且本来它在事实上也是毫无根据的；但是权利作为一种形而上学的公设，却至今并未丧失它的地盘和立论的力量。也有论者（如科林伍德）以为康德在理论上没有能解决他那历史学的二律背反。如果确系如此，那么至少应该承认，康德已经在尽可能大的限度上做出了这一尝试；而且还应该说，他比任何别人都做得更好、更高明、更能一贯自圆。须知这是一个永恒的问题，是不可能有最终答案的，我们也不能这样苛求。古往今来，无论哪种理论，我们都不能要求它就是万古不易的定案；如果真理就摆在那里，人类知识还有什么进步可言？对于任何学说，我们对它的评价只能是，看它提供了什么（以及多少）有价值、有深度的智慧，这些智慧足以启发后人的思想。

康德对历史之高瞻远瞩，他之"观察人生是那么的健全"[阿诺德（M. Arnold）评莎士比亚语]——那绝非皓首穷经的腐儒所能梦见。只有在这样一个"世界公民"观点之下，历史才有可能屹立为一座宏伟的大厦，而不再是一堆了无生气的断烂朝报。如果我们也采取康德的办法来考察康德，似乎也不妨把他的理论分解为两个部分：一部分是经验性的，是一定时间、地点和条件的产物并且随之而变；一部分则是纯形式的，是不随时间、地点和条件而变的。规律也可分为两种：普遍的和特殊的；普遍的是不以时间、地点和条件为转移的，特殊的则随之而转移。任何特殊的都不能独立于普遍的之外（否则，普遍的就不成其为普遍的了）。特殊首先必须服从普遍，然后才谈得到特殊。理性对于一切人是普遍的，任何人首先都是一个世界公民，是从普遍理性的角度看待历史的。这个普遍历史是一切国家、一切民族的特殊历史所概莫能外的。我们不能脱离共性而侈谈特性，世界上不存在脱离于普遍性之外的特殊性。康德毕生所追求的正是这种普遍有效性。还是姑引一则具体事例来说明。一个世纪以前，有些中国人认为三纲五常是中国特殊的国情，有些洋人则认为男人梳"猪尾巴"、女人裹小脚、男女都吸鸦片是中国特殊的国情。而且的确，举世之中妇女缠足的唯有中国，你能说它不是中国的特点和国情吗？半个世纪以前，有人反对马克思主义，其最振振有词的一条理由就是马克思主义不适合中国国情。世上有没有特殊国情这种东西？大概是有的。究竟应该怎么理解？大概也可以人言言殊。不过，超乎国情和特点之上的，首先是普遍真理，即历史潮流的合目的性和合规律性——它是人心所向和大势所趋,是放之四海而皆准、俟诸百世而不惑的。人是可以改造的(不是注定了非要裹小脚和吸鸦片不可);历史是人创造的,人是历史的主人,不是历史的奴隶。故此康德一面探讨普遍历史观念,一面同时就着意宣扬自由、权利与和平。这一"天行健,君子以自强不息"的观点,乃是他理论中最有价值、最有生命力的组成部分之一。

启蒙思想的出发点和归宿是理性。理性就是人的阿尔法和奥米伽。但为什么就是"理性"呢?可不可以是别的呢?例如,能不能换成"信仰""感情""存在""阶级""国家"或者其他的什么呢?看来一切时代的思想理论都有其视之为理所当然的公理(axiom),那是自明的、不言而喻的和不可究诘的。到了另一个时代却未必就接受同样的公理了。每个时代、民族、集群各有其奉之为神圣不可侵犯的信条;人情如此,似甚难拂。使今天读者在两个世纪之后惊异不止的,倒不是康德所假设的信条,而是他在这个基础上竟然能够筑起一座如此之远远超出自己时代局限的美轮美奂的体系。当然,这并不意味着它就是完美无缺的。我以为他理论的最大问题是,他并没有对他所应该提出的一个根本问题做出交代,他甚至没有明确提到这个问题。他的哲学教导说:我们在认识外界之前,首先应该认识我们自身的认识能力,亦即我们首先应该回答:我们的认识是如何可能的?这是《纯理》的中心问题。准此,则我们在认识历史之前,是不是也应该首先认识我们自身对历史的认识能力呢?或者说,在阐述历史的形而上学之前,是不是也应该首先问一下,我们的历史知识是如何可能的呢?如果不经过这一批判便径直着手对历史做出形而上学的论断,岂不是正如康德自己所谴责的,飞鸟想要超过自己的影子吗?康德解答了几何学如何可能的问题、物理学如何可能的问题以及形而上学为什么不可能的问题。但是他并没有提出历史学是如何可能的问题,就径直着手去探讨历史的形而上学,好像根本没有考虑历史认识的能力也是需要批判的——竟好像要等到21世纪的分析历史哲学才"重新提出这个问题"。是康德的理论前后有未能一贯之处呢,还是他对这个问题别有义解呢?

两千年来我国有五德终始、三统三世、一文一质、治乱分合等一系列的历史哲学,但很少达到严格意义上的思辨历史哲学。近代梁启超、王国维、蔡元培几位大师均曾接触过康德,对中国思想界曾有或多或少的影响,但都没有涉及他的历史理性。据说,读哲学是绕不过康德这一关的;若然,是不是读历史哲学也绕不过他的第四批判这一关呢?研究他的第四批判的,国外已有多家，国内我仅见有浦薛凤、李泽厚两书，均为好学深思的成果，非拾人牙慧者可比，足视我国学术研究的水平。读者如欲探骊得珠，自然还须阅读康德的原文。在翻译此书过程中，自己也曾稍尝个中甘苦；拉杂写下个人感受，聊以应《读书》编者之雅令。

原载《读书》1992年第8期

盖伦和他的《科技时代的心灵》

◇（盖伦）认为现代文明的特征乃是传统体制的解体并趋向于一种无政府状态的知识化（intellectuation）。物质生活水平不断地提高远远不是意味着人类的进步，反而是意味着在炮制永远不能餍足的欲求——它是与人性中的道德义务背道而驰的，它包含着人们精神生活日益庸俗化的危险，还会剥夺人们政治生活中的高贵与尊严。科学的日益专门化反而使得群众日益陷入蒙昧状态，而世界的一体化则又导致人们日益丧失自己的独立与自由。

《科技时代的心灵》一书的作者阿诺德·盖伦（Arnold Gehlen）是当代德国著名的哲学家和社会学家。他于1904年1月29日生于莱比锡，就读于莱比锡大学，获博士学位；随后相继在莱比锡、哥尼斯堡、维也纳、斯培尔（Speyer）、亚琛（Asthen）各大学及瑞士高等工业大学任教多年，晚岁于1976年

1月14日在汉堡去世，享年72岁。盖伦一生著作宏富，主要的有：《意志自由的理论》(1963，1965)；《国家与哲学》(1935)；《人——他的本性和他在世界中的地位》(1940)；《工业社会的社会心理学》(1949，1957)，再版易名为《科技时代的心灵》；《社会学》(1955)；《原始人与后来的文化》(1956)；《时间—图像》(1960)；《人类学研究》(1961)；《社会学与人类学研究》(1963)；《道德与超级道德》(1969)；《洞见》(1975)。

作为当今西方哲学人类学的主要代表之一，盖伦继承了德国古典哲学（尤其是费希特）的思想传统，进而发展出一套功能学派的社会人类学与哲学人类学。作者在莱比锡大学就学时，师从当代哲学家杜里舒(Hans Dreisch，1867—1941)，杜里舒在20世纪的20年代即曾被引入我国，这个名字对我国的学术思想界当不陌生。后来盖伦即继杜氏任莱比锡大学的哲学教授。盖伦的研究路数是从生物学和社会学的观点出发，对人类心灵做出一番新的哲学解释。在哲学上，他反对本体论和形而上学以及任何一种心物二元论和知行二元论；他力图结合米德(G.H.Mead，1863—1931)的实用主义（社会行为主义）、席勒(F.C.S.Schiller，1864—1937)的知识相对论与伊林格(Rudolph Ihering，

1818—1892)的整合主义（Integationalism）、斯宾格勒（O. Spengler, 1880—1936）以及海德格尔（Martin Heidegger, 1889—1976）的文化批判哲学而建立起一套新观点。他的新观点大致是这样的：历史上起决定作用的因素并非个人的价值而是体制的功能。对人的心灵的研究，一方面他反对使用自然科学的实验方法，另一方面又反对"精神科学"（Geisteswissenschaft）的"理解"方法。他认为，要解释各种社会文化的体制，就必须采用现象学的方法。人是社会文化体制的产物，故而起强大的、决定作用的乃是思想的力量而不是脆弱的生物本能，也就是说，人的生存状态更多的是有赖于并取决于社会的技术手段。这里指的是广义的社会技术手段，包括语言乃至神话都在内。人就是这样地创造出来了约定俗成的共同文化传统，而这一传统的环境就通过一定的体制而得以延续下来，于是便形成了国家、家庭、法律、经济生活等等。正是社会文化体制才把自主性赋予了个人，因之使他得以参加到一个"秘密的协议"（entente secret）中来。这便是社会文化体制的作用。所谓真理不仅仅是指通常人们所认为的"符合论"（我们的认识与外在的对象相符合）或是"融贯论"（我们认识的自身在逻辑上的融通一贯）的产物，而且更是体制这一传统所形成的习惯与信念的产物——它尽管并不具备理性上的或实验上的论据,却并不妨碍其具有不容置疑的确凿性。正是社会文化体制才形成了人们的"指导思想"(idées directrices)和他们的行为,这是任何科学知识所无法取代的。

盖伦大体上是以颇为暗淡的眼光在看待现代文明的。他认为现代文明的特征乃是传统体制的解体并趋向于一种无政府状态的知识化(intellectuation)。物质生活水平不断地提高远远不是意味着人类的进步,反而意味着在炮制永远不能餍足的欲求——它是与人性中的道德义务背道而驰的,它包含着人们精神生活日益庸俗化的危险,还会剥夺人们政治生活中的高贵与尊严。科学的日益专门化反而使得群众日益陷入蒙昧状态,而世界的一体化则又导致人们日益丧失自己的独立与自由。因此,哲学的任务就是要指明这些衰落的迹象,并且能够挺身而出维护传统体制中种种"合法的"成分。盖伦的这些论点,无论正确与否,似乎都对当前正在经历迅速的现代化和后现代化历程的世界不失为一种值得思考的意见。同时,对于所有想要在哲学与社会科学之间重建密切联系的人们来说,他那种力图综合欧洲与美国双方思想理论的尝试,也不失提供了一个有趣的参照系。

在学术思想研究的领域中，有时候提出问题的价值并不亚于给出结论的价值。盖伦本书的价值或许更多的是应向此中求之。全部人类的文明史，不外是前后两大阶段，即传统农业时代的社会与近（现）代化的科技社会。前者基本上是静态的，无论是太平盛世还是动乱时代，一个人的终生乃至若干世代的延续，其生活环境与生活内容大抵是延续不变的。于是人类在几千年文明史的漫长过程之中，便逐步形成了种种固定的社会制度、行为规范、思想模式与心态。然而近代社会和以往几千年的传统社会大为不同，它是一个工业化的、技术的社会，而工业和技术是日新月异的；于是人类就不得不告别以往基本上是稳态的、常规的社会，而步入一个急剧变化着的社会。随之，人类以往备受尊敬的、习以为常的而且似乎是理所当然的种种制度、习俗、规范、思想、理论乃至感情和心态，也就被迫不断地要改变自己去面迎这种日新月异的挑战。但是人类文化生活在这些方面的改变，却远远赶不上而且适应不了工业技术的迅猛变化。现代人类文明社会的一切问题、一切矛盾和冲突，归根结底大都可以溯源于此。它不是人类文明某个方面（哲学的、艺术的、政治的、经济的等等）的危机，而是整个人类文明坐标系的危机。本书内容就环绕着这一中心论点而展开，作者在书中提出了不少自己的独特的见解。当然，对于这样一个带有根本性的问题，我们不必期待任何一部著作——包括作者这部篇幅不大的、简明扼要的著作在内——能够做出最后的答案。无论如何，现代化文明的内在矛盾及其所造成的现代人的心理失调和灵魂中的阴影，乃是每一个人文科学家和社会科学家所无法回避的问题。盖伦的努力或许有助于学者们对这一问题做进一步的思考和探索。

在所有物种之中，人类是唯一在知识上和技能上可以不断积累的物种，因此大体上人类的知识和技能就总是日新月异不断地提高。而其他一切物种则只能是简单地重复它们前辈的本能的生活，从零开始，所以无法提高。但是另一方面，人的道德情操或精神境界却是无从积累的；这方面，后人不会在已有的基础上不断提高，每一代依然是从零开始。于是人类的文明就出现了一场理性的分裂：纯粹理性（或工具理性）不断地在飞速前进时，而同时实践理性（或道德理性）却牛步迟迟永远都从原点上重新起步。毫无疑问，今人的知识是古人所望尘莫及的；但是今人的德行也比古人高尚吗？我们似乎没有任何根据可以这样肯定。（例如，能说今天"满街都是圣人"吗？）是不是人类文明史就永远注定了是在这样一场理性的二律背反之中摸索着前进的呢?

原载《博览群书》2001 年第 2 期

贝克尔《18世纪哲学家的天城》评序

◇ 历史学家所研究的并非过去的事件，而只是对过去事件的若干陈述。历史事件早已成为转瞬即逝的过眼云烟，存留下来的只不过是对它们的叙述而已；所谓历史事实无非就是人们对它们所做的陈述。

本书作者贝克尔（1873—1945）是20世纪美国著名的历史学家，曾任康奈尔大学教授、《美国社会哲学杂志》主编、美国历史学会主席、美国科学院院士，曾获耶鲁、哥伦比亚等校名誉博士。他的主要著作有《论〈独立宣言〉：政治思想史研究》（1921）、《近代史》（1931）、《18世纪哲学家的天城》（1932）、《人人都是他自己的历史学家（论文集）》（1935）、《进步与权力》（1936）、《人类文明史》（1938）、《近代民主政治》（1941）。他去世后，菲尔·辛德（Phil Synder）编有《贝克尔史学论文集》一书（1958）。

青年时代的贝克尔受业于边疆史学派大师特纳（F.J.Turner, 1861—1932），不久即成为美国"进步派"新史学阵营的代表人物之一。但在主张历史学应该为现实世界的进步服务时，贝克尔却有他本人颇为独特的史学观。贝克尔一反传统的史学观点——认为分析可以得出确凿的事实，而综合则可以做出客观的叙述——他不承认脱离主观的（个人的、时代的、民族的、党派的、集团的）认识之外还有所谓客观的事实，而认为历史认识只是主观经验与见解的一种推导，一切历史理解或评价都以历史学家的主观经验为基础，否则就不可能形成任何对客观的图像。历史学家所研究的并非过去的事件，而只是对过去事件的若干陈述。历史事件早已成为转瞬即逝的过眼云烟，存留下来的只不过是对它们的叙述而已；所谓历史事实无非就是人们对它们所做的陈述。

这种史学理论代表着20世纪西方史学思想对19世纪兰克实证主义思路的反拨，它被突出地总结在他1931年12月29日就任美国历史学会主席那篇著名的讲演《人人都是他自己的历史学家》中，因此他的历史思想浸透着一种浓厚的实用主义和相对主义的色彩，并且日益趋向于悲观。但是第二次世界大战的爆发，给他晚年的思想带来了若干新的希望。他拥护反法西斯战争，写了不少文章，并认为人类毕竟应该是追求真理和热爱真理的；虽然我们的理性是有限的，但毕竟却是我们的理性发现了这种局限性。

在18世纪，"哲学家"（法文：philosophe）一词并非指今天意义上的哲学家，而是泛称启蒙运动的思想家和宣传者。他们通常被认为是"近代"意识形态的先驱，这个时代也被人称为"理性时代"。但贝克尔在本书中却提出一种相反的论点，他认为所谓的"理性时代"远不是理性的，那批"哲学家"所做的工作只不过是以新的材料重新建构另一座中世纪奥古斯丁式的"天城"而已。这部多少是惊世骇俗的著作，与一般的传统看法迥不相侔，所以一经问世就引起了学术界的震动。几十年来对此书的评价也一直争论不休，以至于《美国历史评论》杂志断言本书将永远成为思想史上的一部经典著作。我们中国读者自然也有权根据自己的见解对18世纪的"哲学家"们做出不同于贝克尔的评价。即使如此，本书仍不失为一部可以从另一个角度有助于深化我们观点的著作。

近年因迻译18世纪西方思想史上的孔多塞和柏克不免重阅此书，深感它在如下两个方面都值得我们参考，即（一）18世纪这批"哲学家"们思想的实质究竟是什么；（二）20世纪美国史学的思想史研究中，美国史学中的理论思维是怎样的。本书是作者在耶鲁大学对专业工作者所做的一系列讲演，系属史论性质，故事先假定听众对有关史实已经有一定的理解，因而对有关史实介绍甚少。读者对作者的史论感兴趣的话，最好参阅一些有关的历史书籍，尤其是可以对照一下奥古斯丁的《天城论》。

译文根据的是1932年耶鲁大学出版社（纽黑文）原文，1971年该书第35次印刷版。错误与不妥之处，敬祈读者指正。

原载《史学理论研究》2001年第1期

论王国维的哲学思想[*]

◇ 诸子百家时代是学术思想史上一个辉煌灿烂的时代；秦汉而后学术便停滞下来，只有"抱残守缺"而没有创造性的思想；佛教的传入是一次刺激，所以宋儒的思想就"稍带"创造性，宋以后思想又告停滞；到了清末，人们才又面临着一个新的刺激，那就是"西洋之思想"。

◇ 在哲学上王国维追求永恒的、绝对的纯粹真理世界，在艺术上他便追求永恒的、绝对的纯粹美的世界。在不同的时代，永恒的美这个口号可以是用来否定旧社会的权威，也可以是用来对抗新社会的到来。

◇ 正如一个民族不会原封不动地接受一种外来思想一样，一个人也不会原封不动地接受别人的思想，而总是会按自己的方式加以改造。王国维的思想和理论深受康德、叔本华的影响……他思想中的积极因素却并不在于他受他们

---

[*] 本文系与友人冯佐哲先生合撰。

影响的地方,而恰好在于他能摆脱他们的影响而独抒己见的地方。

一

王国维(1877—1927)在近代是以学者闻名的;他一生的学术经历大致可分为三个时期:

1898—1907年(21—30岁)治哲学。

1907—1912年(30—35岁)治文学。

1912—1927年(35—50岁)治史学。

1907年王国维开始撰写《人间词话》可视为由哲学而转治文学的分界石,1912年所著《宋元戏曲考》则可视为其结束文学转入史学的分界石。王国维为学三变过程中的思想发展是有脉络可寻的,而他早年醉心新学钻研西方思想,晚岁又"尽弃前学专攻经史",也是他思想矛盾的自然结果。本文试图探讨王国维的哲学思想,但这是一个远未成熟的哲学思想;时代进步得太快了,在王国维还没有来得及建立一个比较明确的思想体系之前,他已经不得不放弃了他作为一个哲学家的企图。

对王国维的生活和思想,有两个人是起了重大影响的，即罗振玉和叔本华。通过罗振玉，王国维才最后确定了自己的方向，一步一步地在政治上卷入到遗老集团里，其结果便是多少大大小小的遗老都不曾"殉节"（罗振玉晚年更是在伪满做了汉奸头子），倒偏偏只有这个五品的南书房行走终于自沉于昆明湖，博得一个充满讽刺意味的"忠悫"头衔。鲁迅在当时即已对罗、王两人做出了极其犀利的评价，他说："独有王国维已经在水里将遗老生活结束，是老实人；但他的感喟却往往和罗振玉一个鼻孔出气，虽然所出的气有真假之分。所以他被弄成夹广告的 sandwich 是常有的事，因为他老实到像火腿一般。"（《而已集·谈所谓大内档案》）郭沫若也指出，罗振玉"自充遗老，其实也是一片虚伪，聊借此以沽名钓誉而已。"（《历史人物》，第 298 页）而"老实人"王国维却受了他的骗。叔本华也是骗人的，表面上装出一副愤世嫉俗的面孔，骨子里却是十足的"菲力斯坦"（王译：《俗子》，见《叔本华与尼采》一文），口头上宣扬悲观，实际上比任何人都更热衷于名利。邂逅了罗振玉和叔本华是王国维的不幸，否则或许他早年不至于那么深重地为庸俗的感伤主义所束缚，晚年也不至于沉沦于遗老圈子而不能自拔。

1894 年王国维 18 岁。和当时许多先进知识分子一样，他因为受甲午战争的刺激，开始"弃帖括"而"有志于新学"。戊戌年（1898）在上海入农学社，正式接触并学习西学。本来在当时历史条件下，像他这样出身和教育的知识分子，有不少人是从改良主义和爱国主义出发而逐步地转到革命民主主义的立场上来的；但王国维的思想却经历了一番曲折的道路。罗振玉和叔本华的束缚以及王国维本身的弱点造成了他的思想分裂：一方面是时时流露出来某种自发的民主性与科学性的倾向，一方面又是落后的思想意识的束缚；一方面是保皇党，一方面在思想深处又有和自己的政治态度背道而驰的精神在活动着。他思想里闪烁着的若干倾向与其外表上表现得并不一致；在某些地方，这是一个近代的身躯和灵魂，但却穿上了一件非常滑稽的中世纪的外衣。这是他思想矛盾的所在，这种思想上的矛盾伴随了他一生，直到他的死。王国维的思想在近现代史上可以说代表着另一种典型。他的一生，也像是较晚于他的陈寅恪一样，乃是一个堂吉诃德式的"精神贵族"（他本人语，见后）的一曲挽歌。

王国维在青年时代是属于当时"向西方追求真理"的行列的。他抱着极大的热忱在追求"西洋之思想"，对于中国始终未能好好地接受西方学术思想深致慨叹地说："西洋之学术……至明末而数学与历学与基督教俱入中国，遂为国家所采用。然此等学术皆形下之学与我国思想上无丝毫之关系也。咸同以来,上海天津所译书,大率此类。"(《海宁王静安先生遗书》卷十四,《论近年之学术界》。以下简称《遗书》)我们知道当时的严复,也是对于以前西学只学西方的"形下之粗迹"不能满足而进一步要求追求西学"命脉之所在"(严复:《原强》)的,这就是严复所以要翻译《原富》《天演论》等书的由来。但这时的王国维却对严复颇有微词,认为他没有真正接触到西学的思想核心,他说:"夫同治及光绪初年之留学欧美者,皆以海军制造为主,其次法律而已。以纯粹科学专其家者独无所闻。其稍有哲学之兴味如严复氏者亦只以余力及之。其能接欧人深邃伟大之思想者吾决其必无也;即令有之,亦其无表出之能力又可决也。"(《遗书》卷十四,《论近年之学术界》)他批评严复的"学风非哲学的而宁科学的也;以其所以不能感动吾国思想界也。"(《遗书》卷十四,《论近年之学术界》)至于对同时代"蒙西洋学说之影响而改造古代之学说于吾国思想界上占一时之势力"的康有为以及梁启超和谭嗣同等人,他都深致不满。他批评康有为:"大有泛神论之臭味。其崇拜孔子颇模仿基督教,其以预言者自居。"他认为这只是"脱数千年思想之束缚,而易之以西洋已失势力之迷信"。他批评谭嗣同的"以太说"是"半唯物论半神秘论"的"幼稚之形上学"。

他批评梁启超所作"《新民丛报》中之汗德（按：即康德）哲学，其纰缪十且八九"。对于同一时代这些思想家的批评，反映了王国维本人的思想倾向与他对西学的见解。

对于"西学"的内容，当时不同的派别或集团各有其自己的要求与理解。最早的封建士大夫所理解的西学不过是"船坚炮利"；后来制造局、同文馆增加了一些浮浅的"声光化电"。康有为进了一步，"思其（西方国家）所以致此者，必有道德学问以为之本"（梁启超：《南海康先生传》）；稍后严复在介绍西方思想学说方面又进了一步。而王国维则从另一个角度使人们对于西学的认识有所深化。

王国维这时所追求的西学主要是哲学思想，他的目的则是要形成自己一套完整的世界观。他渴望学习西方的"纯粹哲学"，赞美"苏格拉底之所以仰药，婆鲁诺（布鲁诺）之所以焚身，斯披诺若（斯宾诺莎）之所以破门"的精神。在这一时期的著作里，他喜欢引征一些西方典故，如"求妤述于雅典之偶，思税驾于金字之塔"以及"哥白尼既出犹奉多禄某""达维之后而犹言斯他尔"之类的句子满纸皆是。这表明王国维对西学醉心的程度，同时表明了他对于传统旧文化的态度。他惋惜"东方古文字之国而最高文学无一足与西欧匹者"；并主张对青年必须"专授以外国文学、哲学之大旨。既通外国之哲学、文学则其研究本国之学术必有愈于当日之耆宿矣"。他认为将来"真正之经学、国史、国文学之专门家,不能不望诸辈之生徒,而非今日之所能得也"(《遗书》卷十五,《教育小言十则》)。他既反对当时"好奇者"对西学的滥用,也反对那些"泥古者"对西学的唾弃(《遗书》卷十四,《论新学语之输入》)。

王国维青年时代在文化领域内不失一个激进知识分子的某些特色。他明知当时的"士大夫谈论动诋(西学)为异端","且非常之说黎民之所惧,难知之道下士之所笑"(《遗书》卷十四,《论近年之学术界》);然而他仍然要求人们"破中外之见",学习西方,认为只有这样中国的"学术界……庶可有发达之日"(《遗书》卷十四,《论近年之学术界》)。他敢于指责旧学"不过如商彝周鼎借饰观瞻而已"(《遗书》卷十五,《教育小言十则》)。在近代史上西学与中学之争中,他极其突出地站在维护西学的立场上。面对着当时的思想界的动荡,王国维正面提出了建立"新世界观"和"新人生观"的要求,至于其来源则"无论出于本国或出于外国"(《遗书》卷十四,《论近年之学术界》),并不限于封建的圣经贤传。王国维向西方追求真理,其重点和内容首先是理论思维,这一点与当时其他的西学派颇为不同。

在这样向西方追求真理时,他首先要求肯定哲学真理的独立价值。王国维认为传统中国哲学(以及文学艺术)之所以不发达的原因,就因为它们长期只是政治的附庸;他提出一切文化都必须获得自己"神圣"的独立地位才有可能进步;哲学、文学和艺术绝对不能附带有任何实用的政治社会性的目的,否则便必定是毫无价值的学问。这是一种为艺术而艺术、为真理而真理的抽象提法;但抽象性的命题在不同的具体条件下,可以有不同的内涵。在当时,要求学术思想的独立,实质上是要求独立于封建统治的偏见,因而带有反对封建礼教束缚的意义。思想自由和学术神圣的旗帜,实质上是要求哲学不再充当封建性圣经贤传的注脚。王国维所介绍的西方哲学,在当时是对封建道统意识形态的一种对抗,是在"纯粹哲学"口号之下为个性解放的思想文化向封建势力争地盘——王国维把这说成是"哲学家与美术家之天职"。这比当时文学家之假手于"微言大义"来反抗传统的章句之学显得勇敢一些,也大胆一些。

这一时期,王国维所读的一些西方社会学和哲学的书籍,大多是从日本人那里转手;但这并没有妨碍他对自己治哲学和文学的信心,他自称:"余之哲学及文学上之撰述,其见识文采亦诚有过人者。"(《遗书》卷十五,《静庵文集续编·自序》)他不甘心于仅仅做一个西方哲学的介绍者或哲学史家，而是想"立一家之系统"，要做一个哲学家；他明确提出哲学史并不能等于或者代替哲学。这大概就是他所自命的"过人"之处。他在处理哲学史上的传统问题时也是从概念分析入手，而不是从具体的历史背景出发。他如此之渴慕并沉浸于"纯粹哲学"，在他早期诗词作品里留下了深刻的痕迹。他期待着"深湛之思、创造之力苟一日集于余躬"（《遗书》卷十五，《静庵文集续编·自序二》），于是他似乎就可以创造出伟大的哲学体系来。但是这个理想并没有实现，后来他终于放弃了自己早年所选择的终生事业。这是由于历史条件的限制剥夺了他的思想得以自由成长的可能性。

这一时期的王国维洋溢着当时激进的思想代表们那种"冲决网罗"的热望，甚至于公开宣扬要"肆其叛逆而不惮"，以"图一切价值之颠覆"（《遗书》卷十四，《叔本华与尼采》）。但那批强烈要求个性解放的思想家们即令在他们最好的时候，也都是远离人民群众的少数个人。这种先天性的弱点在王国维身上来得特别严重。他理想中的哲学家只是少数孤芳自赏的天才，和人民群众断绝一切联系，而把自己紧紧禁锢在象牙之塔里。

德国古典唯心主义被介绍到中国来是在20世纪的最初几年，王国维治哲学就是从康德入手。1903年他写了几行康德像赞:"观外于空,观内于时,诸果粲然,厥因之随,凡此数者,知物之式,存于能知,不存在物。"(《遗书》卷十五,《汗德像赞》)这是中国最早有关康德的介绍[1]。据王国维自述其治哲学的经历大致如下:

1899年,"是时(东文学)社中教师为日本文学士藤田丰八、田冈佐代治二君。二君故治哲学,余一日见田冈君之文集中有汗德、叔本华之哲学者,心甚喜之"。

1901年,"余(王国维)之研究哲学如于辛(丑1901年)壬(寅1902年)之间"。

1902年,"体素羸弱性复忧郁,人生之问题日往复于吾前,自是始决从事于哲学"。

1903年,"癸卯(1903年)春始读汗德之《纯理批评》,苦其不可解,读几半而辍。嗣读叔本华之书而大好之。自癸卯之夏以至甲辰(1904年)之冬皆与叔本华之书为伴侣之时代也。其所尤惬心者则在叔本华之知识论,汗德之说得因之以上窥。然于其人生哲学,观其观察之精锐与议论之犀利,亦未尝不心怡神释也"。

---

[1] 同年《新民丛报》上有梁启超署名"中国之新民"的《近世第一大哲康德之学说》。同时,严复在翻译他的几部严译名著中,曾零星地引述过一些康德的文字。

1903年,"始读汙德之《纯理批判》,至先天分析篇几全不可解,更辍不读而读叔本华之《意志与表象之世界》一书。叔氏之书思精而笔锐,是岁前后读二过,次及于其充足理由之原则论、自然之意志论及其文集,尤以其《意志与表象之世界》中汙德哲学之批评一篇为通汙德哲学关键"。

1904年,"渐觉其(叔本华)有矛盾之处。去夏所作《红楼梦评论》,其立论虽全在叔氏之立脚地,然于第四章内已提出绝大之疑问。旋悟叔氏之说半出于其主观的气质而无关于客观的知识,此意于《叔本华及尼采》一文中始畅发之"。

1905年,"今岁之春复返而读汙德之书。嗣今以后将以数年之力研究汙德"。

1905年,"更返而读汙德之书,则非复前日之窒碍矣"。

1906年,"于汙德纯粹理性批评外,兼及其伦理学及美学"。

1907年,"(对于康德)从事第四次之研究,则窒碍更少。而觉其窒碍之处,大抵其说之不可持处而已。此则当日志学之初所不及料。……此外如洛克、休蒙(休谟)之书亦时涉猎及之"(《遗书》卷十四,《静庵文集·自序》;《遗书》卷十五,《静庵文集续编·自序》)。

根据以上自述，王国维治哲学是从康德而叔本华，又从叔本华回到康德的。为什么他要追求并且接受康德和叔本华？

日本自明治维新后，先是以英国为样板，继而是以德国为样板。故而19世纪末德国唯心主义哲学在日本特别流行，王国维从日本人那里转手学习西方哲学，首先就接触到了德国唯心主义。当时又正值"返于康德"的口号在德国风行一时，引导王国维接触西方哲学的启蒙书就正是新康德学派文德尔班的那部《哲学史》（1892年，符腾堡版；王所读为英译本，1893年）[1]。所以王国维把康德奉为"息彼众喙、示我大道"的哲学家，是不足为奇的。

当然这里面也还有技术上的困难。写《纯粹理性批判》的康德就是那个写《自然通史和天体理论·序言》时曾宣称"只要给我以物质，我就会给你造出整个宇宙来"的康德。《纯粹理性批判》所探讨的"自然科学如何可能"问题中的物理科学不是指任何别的而是牛顿的古典体系，"造出整个宇宙"的根据也不是别的而是牛

---

[1] 文德尔班《哲学史》一书虽迄今无中文译本，但对中国早期近代哲学却是有影响的。除了王国维外，蒋方震（百里）、梁启超都曾引述过。民国初年后，新康德学派在中国思想界曾有过一定市场。

顿的古典体系[1];同时康德本人又正是"把这个僵硬的自然观打开第一个缺口的"哲学家(恩格斯:《自然辩证法》,1955,第9页)。就自然科学方面说来,康德还"是两个天才的假说的创造者"(《自然辩证法》,第26页)。王国维自幼缺乏严格的数理科学知识和训练,"在校时以几何学为苦",到了25岁时只学了几个月的数学和物理学就中辍了。王国维所凭借的科学水平要使他能够很好地掌握康德所处理的问题,会有一定困难。这种困难也会妨碍他能够很好地接受康德思想中辩证法的因素。叔本华不是科学家,读叔本华的书并不需要什么科学知识的凭借。但王国维之所以醉心于叔本华,甚至誉之为"凌轹古今",说叔本华的理论是"南山可移此案不可动"(《遗书》卷十四,《书叔本华遗传说后》),那当然在技术的背后,还有更深邃的思想原因。尽管在王国维的眼里,康德、叔本华仿佛就是哲学真理的化身,因此看来他沉浸在康德、叔本华的哲学里似乎应该感到满意了;事实却又不然。他越是沉溺于康德和叔本华,就越是感觉到怀疑和痛苦。他这时所做的许多诗词可以作为他的思想彷徨与苦闷的见证,如"何为

---

[1]《自然通史和天体理论》一书的副题即"根据牛顿定律论整个宇宙结构及其力学的起源"(1755)。

方寸地，矛戟森纵横，闻道既未得，逐物又未能"；如"早知世界由心造，无奈悲欢触绪来"；如"试问何乡堪着我，欲求大道况多歧，人生过后惟存悔，知识增时转益疑"；又如"宇宙何寥廓，吾知则有涯，面墙见人影，真面固难知"[1]。而最足以反映出这种思想上的迷惘的，则是如下的一首《杂感》：

> 侧身天地苦拘挛，姑射神人未可攀，云若无心常淡淡，川如不竞岂潺潺。驰怀敷水条山里，托意开元武德间，终古诗人太无赖，苦求乐土向尘寰。（《遗书》卷十四，《静安诗稿·杂感》）

"终古诗人太无赖，苦求乐土向尘寰"——这里面有一种奇特的结合：一方面是追求和渴望，另一方面是怀疑和虚无。在巨大变革的历史时代里，怀疑总是对于一定社会的统治思想的一种抗议。但是由于他的脆弱性，他的怀疑染上了一层浓厚的虚无色彩，从而使其中消极的成分多于积极的成分。而叔本华之所以投合了王国维，正好在于叔本华的悲观论在某些地方投合了王国

---

[1] 这两句大概是用柏拉图《国家篇》里洞穴的典故。

维的虚无倾向的缘故。康德否定形而上学，所以满足不了他那要求"伟大之形上学"的感情。因而他批评康德哲学是"破坏的而非建设的"，并且认为仅仅对哲学的批判并不是"真正之哲学"（《遗书》卷十四，《叔本华之哲学及教育学说》）。但是叔本华却给他提供了一套形而上学。叔本华着意于雕饰辞藻，不像康德那么沉闷枯燥，其中并大量征引诗文与艺术。这些都符合了王国维的情趣。王国维这时的文章每好引诗句，可能即是仿叔本华。

康德的思想基本上是18世纪末启蒙运动时代德国意识形态的反映。当时的德国较之英、法尽管软弱而怯懦，但毕竟已逐步地、胜利地登上了历史舞台。而王国维所感受到的自己时代的和社会的乃至个人的具体苦闷，是康德所讲的纯形式的哲学解决不了的；王国维在康德哲学里找不到能使自己安心、能使自己的"心灵里充满了日新又新的感慕与崇敬之情"（《实践理性批判·结语》）的东西，于是王国维转而求之于叔本华。这样，叔本华的悲观虚无的生命哲学在王国维的思想里就取而代替了康德的地位。康德既承认物自身的客观存在，但又不承认我们可以认识它。叔本华把康德的不可知论从相反的方面即从主观唯心论方面推向了可知论；他认为世界是可以认识的，而其所以是可以认识的，就正因为我们的内省可以认识"自我"。《意志与表象的世界》一书就从"世界就是我的表象"这一命题出发。其实这一点正是康德所坚决反对的,康德决不承认"自我"可以是认识的对象;也不承认思维之我可以等同于存在之我(《纯粹理性批判·先验辩证篇》卷二,第一章》)。康德虽然没有能正确地理解知识与实践二者之间的辩证关系;但是他仍然坚持了经验的必要性、知识的客观性以及知识对象的实在性。然而到了叔本华的手里,知识完全变成了主观世界的内省经验。列宁认为,康德的基本特征是调和唯物主义与唯心主义,因此他就受到来自唯物主义和唯心主义两方面的指责。而叔本华就正是属于后面这类唯心主义者中的一个,他从纯粹直观中引出"自我"的本体,亦即无所不在的普遍而盲目的生存意志。叔本华代表着从康德哲学朝着主观论方向的倒退,但是王国维却没有因为接受叔本华便抛弃康德。他不但由叔本华再回到康德,而且在许多地方仍然表现出他依附于康德的见解。

在伦理学方面,叔本华同样是康德的倒退与反拨。在康德全部关于纯粹实践理性的理论中,"自由"是他最重要的根本观念之一。当然康德只是在抽象地论证自由,但他毕竟是正面地、积极地在为不可剥夺的人权提供了一面理论的旗帜。叔本华则完全抹杀了在康德手里具有积极意义的自由,人类的现实生活被叔本华庸俗化成为盲目的本能的冲动。康德企图提高"理性"与"自由"的地位和价值,叔本华则力图贬低"理性"与"自由"的地位和价值。王国维在他的思想深处就徘徊于这两者之间。有时候他归依于康德的"理性",有时候他又离弃了康德的"理性"而归依于叔本华的"欲念"。

他的哲学思想并没有着意于脱离社会斗争与自然斗争的现实之外一味向故纸堆中吸取来源,所以在一些根本理论性的问题上显得缺乏活跃的生命力。他的许多论点往往是径直抄录康德和叔本华;不过,如果把王国维单纯认为即是康德与叔本华的中国版,那也不符合事实。王国维对于康德和叔本华,还是经过了他自己的选择、加工和改造的。王国维认为康德的"窒碍之处,大抵其说之不可恃处"。所谓康德的"不可恃处",其实是王国维站在叔本华的立场上来批评康德的,结果是弃了康德思想中最积极的因素。但后来王国维又感到叔本华也是不可恃的;他感到叔本华"之说半出于其主观的气质,而无关于其客观的知识"。其实,也可以反过来说,王国维之所以接受叔本华也是"半出于其主观的气质,而无关于其客观的知识"。王国维和叔本华所处的环境与条件不同,两人的倾向与路数亦有差异,但某些相同之点造成了两人思想上的合拍。

一直到"五四"之前,孔子的一套东西始终是被当作神圣的宗教教条强迫人们信奉的。所以"五四"以前思想文化战线上的中心任务就是反对封建专制的思想统治。就这一点来说,王国维宣扬西学有其积极的一面。因为他借用了康德和叔本华的语言,已经是在用"理性"或"生存欲望"来解释社会与人生;这就构成封建名教、纲常伦理的反题。他在圣经贤传之外抬出了另外的真理标准;旧的真理、旧的知识和道德是值得怀疑的,是可以作为批判的对象的。这在客观上则是在动摇当时封建老八股和教条主义的思想专制主义。同时代的人已曾提到他"顾独好叔本华,尝借其言以抨击儒家之学"(《东方杂志》I卷二十四,第13号,第49页)。这有点像是一幕"理性的狡猾",叔本华的形而上学竟然曾被用了来抨击儒家之学。然而,又因为那是一套主观的幻想,所以就并没有能真正起到彻底解放思想的作用,只不过是使他从一种思想束缚陷入另一种思想束缚。王国维本人的思想归宿,就是最好的说明。

这里还应该附带提一下尼采。尼采的一些命题对20世纪初的中国思想界是有过影响的,王国维和鲁迅都是较明显的例子。但王国维受尼采的影响不算很深;他的思想虽有一些尼采的东西,可是不多。王国维称颂尼采的只是个别论点,而不像对康德和叔本华那样在自己的思想里认真想融会贯通并采纳他们的理论体系。王国维没有大量地接受尼采是容易理解的，尼采的倾向和王国维的倾向不大好调和。所以从1904年的《红楼梦评论》到1910年前后的《人间词话》，在王国维一系列有关文艺理论的著作里除了个别论点外，他始终没有认真地接受尼采的基本思想。例如尼采《悲剧的诞生》一书中的许多基本论点，王国维在他的著作中就始终没有采用。

在中学与西学之争的思想交锋里，王国维曾正面地而且比较系统地对中国传统哲学的一些基本问题做了一番批判和重新估价。他写了《论性》和《释理》两篇文章，分别环绕着传统的"性"和"理"两个问题阐发了自己的观点。性善、性恶问题历来是中国思想史上的一个纠缠不清的形而上学问题。康德曾经企图解决西方的传统形而上学问题。王国维的基本出发点是：关于"性"的任何先天的综合判断都是超出人们的经验范围的，因而是不可能的。这一论点得自康德。

关于超验的观念，康德曾举出四组二律背反——王译《安弟诺米》(《遗书》卷十五，《原命》)为中国最早介绍西方近代唯心主义的辩证法——用以说明知识的界限。康德认为传统形而上学的命题"其客观的真实性既不能为纯粹理性所证明，也不能为纯粹理性所反驳"(《纯粹理性批判》第二部,第二分,第二卷,第三章,第七节),因此它们是超出人类知识范围的问题,或者说这些"(形而上学的)观念是与我们对自然的理性知识的准则背道而驰的"(《未来形上学导言》,第四十四节)。这就是王国维以之解决中国传统形而上学所采用的方法。王国维提出:任何命题如果"无人得以证之,然亦不能证其反对之说",那么它们就是"超乎吾人之知识外"(《遗书》卷十四,《论性》)的东西。而性善、性恶就正是属于这类性质的命题。他说既然性善、性恶之争构成了一组"自相矛盾"的二律背反,这就说明了"性"是超出于我们知识范围以外的东西。康德认为先天的观念并不是可能经验范围以内的东西,所以不可能成为知识的对象,因此形而上学的命题就是不可能加以验证或反证的。王国维则认为性善、性恶的争论恰好就构成这样一种形而上学的争论。性既然是知识范围以外的东西,所以性善、性恶之辩便全属"无益之议论"。王国维说,传统的性善、性恶之争的根本错误就在于,无论是性善说者或性恶说者都是企图从超验的观念("性")里推论出经验中的(善、恶)事实,因此他们便不能不使自己处处陷于矛盾。王国维的办法则是要"暴露其矛盾"(《遗书》卷十四,《论性》)。他就通过这种康德式的纯粹理性的批判而论证了从孟、荀到程、朱乃至陆、王,没有一个不是陷于自相矛盾的。已往被视为带有根本性的重大哲学争论竟然都是完全站不住脚的"无益之议论",这在客观上当然就表现出了一种批判的精神。但是同时王国维用以代替传统形而上学的却是另一种意义上的不可知论。在这里,理论和实践仍然是被割裂开来的。

在《释理》一文中,王国维有着更多他自己的看法。他认为概念是人们对于事物的共同之点加以抽象化的产物,它只有心理上的实在性而并没有物理上的实在性。然而人们却习惯于把概念认作是具体的事物,再进一步人们更赋予它伦理的和形而上学的实在性,于是纯粹是概念的东西就被实体化了。这就是中国传统哲学中的"理"的来源。"理"(或"玄",或"道",或"太极",或"有",等等)只是被实体化了的概念,事实上它并不可能有任何客观的存在。它并"不存在于直观之世界(感性认识)而惟寄生于广漠暗昧之概念中,易言以明之,不过一幻影而已矣"(《遗书》卷十四,《释理》)。历来被封建卫道者们搞得乌烟瘴气的形而上学概念"理""道""玄""太极"等等,仿佛就被他用这种方式以一种"奥坎剃刀"式的爽快一扫而空。但是这种理论却非出自康德或叔本华,而是出自他本人的理论。

和"理"联系在一起的便是理欲对立的问题。正统的程朱道学长期以来宣扬以天理克制人欲,构成封建统治政权的正统理论。早期启蒙思想家中,戴震曾站在普遍人性的立场上而对神性的"理"提出了抗议;王国维称赞并继承了戴震的学说,宣称:"天下之人各得遂其欲而无所偏,此人之理也。"(《遗书》卷十四,《国朝汉学派戴阮二家之哲学说》)这里他对于作为封建统治秩序化身的天理,表示了批判的态度从而否定其先天性,表现出一种鲜明的人性论。

王国维还曾以这类观点论述过不少中国历史上的思想家,从孔子到戴震他都评论过。他批评孔子是超绝的一元论,孟子是自相矛盾的二元论,荀子是自相矛盾的一元论,《中庸》所提出来的"诚"是个空洞而混乱的观念。他还从某些社会学观点着眼,把古代思想划分为贵族派、平民派,又从地理环境上分别了南方文学与北方文学之不同。他不但批评思想和人物,也批评传统的典章制度。他认为一切圣人制作实际上都只不外是用以满足人类自然的本能:就实用而言,它满足人类的生存意志(叔本华);就装饰而言,它满足人类的权力意志(尼采)。

圣人的制作被他这样转化为赤裸裸的生物本能;而且不只是典章制度,一切属于上层建筑的东西在他看来,也都应该像自然界事物一样可以成为人们批判和考察的对象。与这种观点相联系,他还提出了自己对文化史的观点,他认为:诸子百家时代是学术思想史上一个辉煌灿烂的时代;秦汉而后学术便停滞下来,只有"抱残守缺"而没有创造性的思想;佛教的传入是一次刺激,所以宋儒的思想就"稍带"创造性,宋以后思想又告停滞;到了清末,人们才又面临着一个新的刺激,那就是"西洋之思想"。

所有这些表现了他好的一面,也表现了他坏的一面。好的一面是他多少是以批判的精神揭开了封建传统思想的神圣外衣,坏的一面是他又从根本上混淆了问题的实质。

二

王国维世界观的形成从一开始就包含着矛盾。一方面他在追随康德与叔本华,另一方面他又不断倾向于摆脱康德和叔本华。他曾追随着康德以普遍的有效性——他叫作"无论何人未有能反对之者"(《遗书》卷十四,《论性》)——作为真理的标准,后来又追随着叔本华,把问题颠倒成好像是内用返观便可以外接于物。但是,在另外有些地方他却表现出一缕自发的朴素的自然主义，从而既脱离了康德也脱离了叔本华，这特别表现在关于概念的起源与性质的问题上。

王国维曾批评谢林和黑格尔，说他们的哲学只是概念的游戏，外表堂皇而内容空洞。他对于康德的概念分析也不满意，而要求哲学应该有更具体的物质内容。他说："古今之哲学家往往由概念立论，汗德且不免此，况他人乎！"（《遗书》卷十四，《叔本华之哲学及教育学说》）这也是驱使他由康德转入叔本华的原因之一，在他看来"叔氏哲学全体之特质亦有可言者，其重要者：叔氏之出发点在直观不在概念是也"（《遗书》卷十四，《叔本华之哲学及教育学说》）。但王国维和叔本华并不是就没有分歧。王国维提出一种有关概念的解说："自中世以降，言哲学往往从最普遍之概念立论，不知概念之为物本由种种之直观抽象而得者，故其内容不能有直观之外之物。……概念之愈普遍者，离直观愈远，其生谬妄愈易。故吾人欲深知一概念，必实现之于直观而以直观代表之而后可。若直观之知识乃最确切之知识。"（《遗书》卷十四，《叔本华之哲学及教育学说》）这里王国维本来是要绍述叔本华的，叔本华强调直观，王国维也强调直观；而且王国维的直观还是从叔本华那里来的。但是在叔本华，直观是指对于观念的直观或者对于意志的直观，所谓直观的知识是指对观念的知识。但在王国维,"直观之知识即经验之知识"(《遗书》卷十四,《叔本华之哲学及教育学说》)。叔本华直观的对象是观念,而王国维直观的对象则是感性经验的东西。叔本华认为概念只能给人以抽象知识,直观(神秘的冥想)才能给人以具体的知识;前者是不完全的、不真实的,后者才是完全的、真实的。据说唯有直观才能洞察表象世界与意志世界的全部真实。王国维却认为概念只是直观(感性经验)的抽象化和概括化,是具体事物在思维中的反映。在叔本华,直观与抽象二者是互相排斥的,在王国维则概念决不能离直观而独立存在。叔本华之强调直观是要以直观来代替概念,王国维之强调直观则是由直观来检验概念。这样,王国维就把感觉经验摆在了首位。

关于概念对具体事物的关系问题,王国维有一段颇有特色的见解,他说:"人类以有概念之知识,故有动物所不能者之利益,而亦陷于动物不能陷之误谬。夫动物知者个物耳。就个物之观念但有全偏明昧之别而无正误之别。人则以有概念,故从此犬彼马之个物之观念中抽象之而得'犬'与'马'之观念。……离此犬彼马之外,非别有所谓'犬'与'马'也。所谓马者,非此马即彼马,非白马即黄马骊马。如谓个物之外别有所谓马者,非此非彼非黄非骊非他色,而但有马之公共之性质,此亦三尺童子之所不能信也。故所谓'马'者非实物也,概念而已矣。"(《遗书》卷十四,《释理》)这段话本来是为了反驳存在着有所谓道体而发的,但其所涉及的争论性质则颇有似于中世纪唯名论对唯实论的争论,即个体与共相究竟哪一个是第一性的。王国维认为人们所谓的概念只是事物的共同属性在人的头脑中的反映,因此"神""理""太极""道""玄"等等(它们只不过是最普遍的概念)其本身并没有客观的存在。恩格斯在论到18世纪的唯物论者时说:"它只限于证明一切思维和知识的内容都应该起源于感性经验,而且还复活了下面这个命题 Nihil est in intellectu, quod prius non fuerit in sensu(凡是感觉中未曾有过的东西即不存在于理智中)。"(《自然辩证法》,1955,第224页)在概念的起源这一问题上,王国维所坚持的观点就恰好具有这种因素。这种朴素的但又自觉的因素,是他思想中有价值的地方,也正是他思想中没有受到叔本华所感染的地方。

王国维的认识论大致如下:事物的客观存在先于概念,而且是概念的基础。但是仅仅有对于事物的感性知觉(他叫作"直觉")还不能构成知识。知识必须包括直观与概念。概念乃是人们"对于种种事物发现其共同之处,抽象而为一概念"。没有这种抽象,人们就不可能进行思维："乏抽象之力者则用其实而不知其名，其实亦遂漠然无所依，而不能为吾人研究之对象。何则？在自然之世界中名生于实，而在吾人概念之世界中实反依名而存故也。事物之无名者，实不便于吾人之思索。"（《遗书》卷十四，《论新学语之输入》）思维必须假手抽象的概念才能进行；但是抽象只能是对具体事物的抽象，脱离具体事物而独立的抽象概念客观上是并不存在的。由此更进一步，他就明确地宣称："一切真理唯存于具体的物中"，"故抽象之思索而无直观之根底者，如空中楼阁终非实在之物"。这个理论是他本人的见解，其中没有康德，更没有叔本华；表现了他自发的朴素的反映论倾向。直观（感性经验）是唯一可能的知识来源，概念只是头脑中的产物；离开了具体事物，一切概念（包括最高的概念如"理""道"等在内）都不可能有其自身的独立存在。换句话说，理性知识来源于感性知识。这一常识性的观点，即世界就是它在我们思想中所表现的那种样子，大抵上也就是近代自然科学的世界观。

但是王国维的这一思想倾向并不彻底。第一，他虽然分辨了概念与直观，提到了前者是后者在思维中的抽象，但他却把二者的关系简单地视为机械的反映关系。他只看到了概念的客观性，而没有能见到概念的主观性，这是他思想方法上的局限。因此他不能正确地解释概念相对的独立性，这样他就往往不免要跑到先验论里面去。例如他接受了康德的论点，认为数学概念就是对先天感性形式的直观，而不是经验事实所能加以核验的。由此再转入叔本华，就得出了甚至于是荒唐的结论，如说欧几里得是"乖谬的"之类。王国维在这里把一般和个别、抽象和具体、概念和事物的每一方面都绝对化了，从而没有能理解认识与实践之间的辩证关系，他看不到认识客观真理的道路必须是从直观到抽象的思维，并从思维到实践。第二，更重要的是王国维这种片段的唯名论被他整个的体系给淹没了。他所刻意塑造的是脱胎于康德与叔本华的唯心体系。这种理论既不是从客观实际中抽出来的，也不可能在客观实际中得到证明。他并没有好好地发挥他的唯名论，把它推向应有的结论。就连这里的"直观"一词他也是在两重意义上混淆着使用的：在他论证自己的唯名论论点的时候，"直观"指的是感觉经验；但在他发挥叔本华式的体系时，"直观"就变成一种神秘的内省和冥索了。这使他的思想逻辑呈现不少的混乱。在王国维看来，哲学就是形而上学，就是讲本体；他认为儒家没有哲学，因为儒家不谈性与天道；康德也没有真正的哲学，因为康德认为形而上学是不可能的。这是促使王国维转向叔本华的契机之一,也就是他所称道的:"其有绍述汗德之说而正其谬误以组织完全之哲学系统者,叔本华一人而已矣。"(《遗书》卷十四,《叔本华之哲学及教育学说》)王国维根据他那种对形而上学的思想要求把知识分为两类:一类是物质的,一类是精神的。据说,前者产生物质利益,后者产生精神利益;前者的价值是暂时的,后者的价值是永久的;前者是科学,后者是哲学与艺术;科学只追求实用的价值,而哲学(与艺术)则追求永恒的真理。

这种分类法就把哲学与科学绝对地割裂和对立开来;哲学既与科学无关而又不是对科学知识的概括与总结,于是它就不能不是一种特殊意义上的形而上学。

康德否定了形而上学的可能,把知识限定于可能经验的范围之内。尽管后来康德又在信仰里把形而上学的命题一一恢复起来,但那并不是王国维所要求的形而上学。王国维(在感情上也许更甚于在理论上,在气质上也许更甚于在逻辑上)要求哲学应该不止于解说世界的现象,而且要解答世界的本质;于是他脱离了康德有整整两年时间"皆与叔本华之书为伴侣",因为叔本华似乎把问题的答案明白地告诉了他:"世上一切不同都只存在于现象,但若按它们内在的本质来说则可以认为都是同一的——这一点是比任何别的东西都更加直接地为我们所亲切明白地认识到的——其最鲜明的表现就叫作意志。思维惟有这样加以运用，才能使我们不停留在现象上，而把我们带到了物自身。现象就叫作表象，而不是什么别的东西；一切表象（无论是什么表象）、一切客体都只是现象。惟有意志才是物自身。"（《叔本华全集》，卷二，1916年莱比锡版，第137页）这就是王国维所渴望的"伟大形而上学"的来源。康德的"物"和"我"都是不可知的，而叔本华则以内省方法给他填入了一种直觉的内容：世界若作为现象来看，它就是表象；世界若作为本体来看，它就是意志。客观存在就是主观生存意志的体现。科学（实验方法）只能考察世界的现象，哲学（冥索的或内省的方法）则能反观世界的本体。通过这种叔本华式的"直观"，就会发现世界人生"无往不与生活之欲相关系"（《遗书》卷十四，《红楼梦评论》）。世界的本质并不是什么别的，而只不过是生存意志或"生活之欲"。一切思想与行动都只是这个生活之欲（亦即要求个体生命延续与种族生命延续的欲望）的化身，或者说是它的"傀儡"。一切生活现象都不外是这个主观的、盲目的、脱离了一切现实之外的"我"的生存欲望的表现而已。这就是王国维的所谓"意志同一之说"，也就是他"意志无乎不在"的形而上学。

在他所写的哲学和文艺的论文里（尤其是在《红楼梦评论》一文中），王国维着意宣扬的是这样的一种世界观：生活意志本身是盲目的，整个世界就是这个盲目意志的表现。被这种盲目意志所驱遣、所奴役的生活只能是痛苦，人先天注定了是欲望的永恒奴隶。欲望达不到时便产生痛苦，欲望一旦满足又立刻产生空虚和厌倦。[1] 人生就像是一个钟摆，永远不停地在痛苦和厌倦空虚之间往复地摆动。所以他得到的结论是："欲与生活与痛苦三者一而已矣。"（《遗书》卷十四，《红楼梦评论》）欲望等于生活，等于痛苦；这就是他的公式。至于解脱之道，也由叔本华提供给了王国维：那就是逃避，首先是逃到与世隔绝的艺术的象牙之塔里去，最后则逃到完全消解生命的涅槃寂灭里去。这种悲观厌世论反映了王国维思想性格中脆弱的非理性的一面。与民主革命的潮流也显得极不合拍。因此，在评价王国维的思想时，似应该分辨其中的这种二重奏：整个母题是阴暗的、绝望的挽歌，但其中却又时而飘逸着理智清明的变奏插曲。他的形而上学体系基本上得之于叔本华和康德，而那些片段的然而不失其光辉的批判精神则基本

---

[1] 这完全是承袭叔本华的说法；见叔本华：《意志与表象之世界》，英译本，卷三，第336页。

上得之于自己的时代精神。王国维的著作有一些曾经获得比较广泛的流传，它说明那种思想并不为他一个人所独有的，因而能够引起同样倾向的人的共鸣，但是应该具体分析：流行的究竟是他思想中的消沉部分，还是他那闪烁着批判精神的部分。

思想矛盾不仅贯穿着王国维的世界观，也贯穿着他的伦理观点和他的方法论。它在伦理观点上表现为自由与命定之间的不可调和；在方法论上则表现为科学方法与直观方法之间的不可调和。这些矛盾在他思想里始终没有得到解决，他没有勇气去面对矛盾、克服矛盾而始终是在逃避矛盾。

王国维的"意志同一说"里除叔本华外也有尼采。他接受了叔本华，认为这个意志即生活欲望；有时又接受了尼采，认为这个意志即"势力欲望"（权力意志），并且说科学与哲学都起源于势力欲望。又是生存意志又是权力意志，这两者是什么关系呢？王国维的答案颇不一致，有时他认为它们是性质不同的两种欲望，人生同时包括而且仅只包括这两种根本的欲望；有时他又认为它们是同一欲望在两种不同阶段上的表现形式。按后一种说法，则生存意志是低级阶段，当这一意志满足之后，它就转化为高级阶段，即要求权力意志的满足；或者用他的说法，权力意志是生存意志的"苗裔"。但我们没有必要纠缠于这一说法的逻辑结构。问题在于其中所包含的思想矛盾，其实质是什么。

按照"意志同一说"，一切行为都受同一的欲望所支配，都是这个欲望的表现，那么便无所谓自由意志。意志是严格地被欲望所决定的，正如物理现象是被严格的因果律所决定一样。但决定论又是王国维所不肯接受的，正如不可知论也是他不肯接受的一样。他既要求一定程度的世界可知性，也要求一定程度的意志自由。但是他本人却无力解决这个矛盾。他所说的"定业论（决定论）与意志自由论之争尤为西洋哲学上重大之事实，延至今日而尚未得最终之解决"（《遗书》卷十五，《原命》）的话，其实是反映了他自己并没有解决这个问题。在较多的时候他倾向于意志自由论；他认为所谓充足理由律只能应用现象而不能应用本体（意志）；就现象而言一切是必然的，就本体而言则意志是自由。作为本体的意志为什么就是自由的呢？他的论据是："意志之由何故存及自何处来，吾人所不得问也，其绝对的自由即存于此。"这个解答仍不出前人窠臼，而且是以不可知论来保证意志自由。康德的第三组二律背反是："（正题）自然规律的原因并不是足以推论世界现象的唯一原因。要解释世界现象还有自由的原因是必须加以考虑的。（反题）并不存在自由，世界上的一切都是按自然规律发生的。"(《纯理批判》，第二部，第二分，第二卷，第二章，第二节）对于这个二律背反王国维的解说是："同一事实自现象之方面言之，则可谓之必然；自本体方面言之则可谓之自由，而自由之结果得现于现象之世界中所谓'无上命法'是也。"(《遗书》卷十五，《原命》）也就是说，在自然世界中只有必然，在道德世界中则有自由；于是在自由与必然这个问题上，王国维又从叔本华回到了康德的"目的的王国"。康德认为道德的戒律既是合于理性的而它本身又是绝对无条件的（《道德形上学探本》，第二节）。王国维不满于康德的不可知论而转向叔本华的盲目的意志，但又不满于盲目意志而回到意志自由。王国维就这样地在康德和叔本华之间，在不可知而自由与可知而不自由之间徬徨着。

"意志同一之说"里包括了王国维的普遍人性论。按他的说法，人性的本质既然只是欲望，因此人就不能不是"极端"的"利己主义者"(《遗书》卷十五，《人间嗜好之研究》）；人性天生是自私的，生活就是无休止的竞争。文明的起源并不是出于圣人的制作，而是出于求生存（或权力）的本能欲望。十分显然，这种理论的性格已经不是传统中世纪的而是十足近代的。此外，他还认为真正高度的道德（"仁"）只有极少数的人才能达到，然而又不能不有人人都必须遵循的规范，这种规范就叫作"义"。这里"仁"继承了传统的术语,而"义"则是康德的概念("所谓'无上命法'是也")。可是他和康德之间也有不同。康德以道德行为必须"同时可以成为普遍的规律"(《道德形上学探本》,第二节)作为道德的根本戒律。这种理论本来是被抽空了具体内容的纯形式。但王国维却不把道德看成是纯形式的;尽管王国维的伦理理论还很粗糙,但其中却包含一个明显的论点,即道德是由利己主义的动机而产生的。这个根本论点和康德的精神截然相反。他还公开宣称,如果不能保护财产私有权,社会的根底就会动摇。他提出生命权、财产权和自由权作为"神圣不可侵犯的权利"(《遗书》卷十四,《教育偶感四则》)——这些说明王国维早期的思想反映着鲜明的民主革命的人权论。但是由于他思想中根深蒂固的矛盾,他却无力把这种要求彻底地推到它应有的结论。

思想矛盾表现在方法论上,便是科学方法与直观方法的矛盾。康德告诉他科学方法是不能认识客观实在(物)与主观实在(我)的。于是他离开康德转而求之于叔本华。叔本华教给他说:我们所认识的现象世界虽然仅仅作为表象而存在,但同时"人人又都直接认识自己。……这是全部的事实与问题之所在"(《叔本华全集》卷三,第214页)。因为虽然就一方面说"世界就是我的表象",但是同时就另一方面说"世界就是我的意志"(《叔本华全集》卷一,第5页)。现象世界虽则表现为千别万殊,但是只要返求自我就可以窥见意志本体。意志是存在的根源,世界及其变化都是意志的产物;意志是可以认识的,但只能是靠"直观"来认识。这样一来就使王国维的方法论分裂成为两橛:对待现象是科学的方法,对待本体是内省的直觉。存在被分裂为现象与本体,方法也相应地分裂为科学的与直观的。在一首小诗中王国维自称:"我生三十载,役役苦不平;如何万物长,自作牺与牲。安得吾丧我,表里洞澄莹。"(《遗书》卷十四,《静庵诗稿·端居》)要想洞彻"天下万世之真理",那就必须来一次"吾丧我"。康德在思维之我与存在之我之间划了一条界线,认为后者是与经验相制约的,前者则只是纯粹的自我意识(《纯理批判》,第二部,第二分,第二卷,第一章);又分别了灵魂与身体之不同,认为前者(思维之我)为内觉的对象,后者则为外觉的对象(《纯理批判》)。叔本华取消了这条界限,把身体认为就是意志的客观化(《意志与表象之世界》,英译本,卷一,第132—133页),仿佛只要能把意志或生命当作所谓"直观"的对象时,人们就可以理解世界与人生的实质。这就是王国维的直观方法。可是应用这种直观方法所得到的结论又是:忧患与生俱来，只要意志不灭，痛苦就永远无穷无尽。这和他的感伤情调结合在一起，就把王国维带入了虚无与幻灭的深渊；他在这一时期写的许多诗，都浓厚地浸透着这种虚无幻灭的情调。

但王国维与这种世界观并不是没有矛盾的。矛盾的结果便是他向叔本华终于提出了"绝大之疑问"（1904），后来（1905—1906）又批评了康德。除了对康德的不可知论不满意而外，王国维对康德纯形式的道德论也表示不满。康德讲自由时强调"无上法令是不受任何条件限制的"（《道德形上学探本》，第二节），因此它不可能不是抽空一切具体内容的纯形式，但王国维却针对这一点指出"自由……在经验世界中不过一空虚之概念，终不能有实在之内容"（《遗书》卷十五，《原命》），他并且认为行为动机须受两个条件的制约，即（一）个人的精神；（二）民族的精神。[1] 康德的道德只强调义务，但王国维则时时流露出渴望幸福的倾向。他承认康德的"高严之伦理学"是可爱的，然而他又坦白承认"伦理学上之快乐论"却是更可信的。因此他一方面接受康德的普遍性的道德律，另一方面他又怀疑普遍

---

[1] 康德虽也提到民族特性，但不是用于解说道德而只是用于解说美感（见《论优美感与崇高感》，第四节）。

的道德律。在一定意义上康德是以理性的批判维护了传统的信仰,而王国维则更多地带有以批判的理性在肢解传统信仰的意味。毕竟人是追求幸福的,这应该是道德的精义。人们无法设想道德的结局就是不幸。

王国维和叔本华的分歧就来得更大些。他已经逐渐意识到叔本华哲学只是主观的幻想,并没有客观的根据,所以终于向叔本华提出了"绝大之疑问"。叔本华认为艺术可以使人解脱于意志的奴役,但这只是暂时的;真正的解脱只存在于所谓"对生存意志的否定"(《叔本华全集》卷三,第692页)。实际上,王国维心底里并不相信这种解脱的可能,所以他才说《红楼梦》悲剧的结局不能仅仅是贾宝玉个人的出家,而必须是"只落得一片白茫茫大地真干净"。其次,叔本华认为暂时的解脱(艺术)也只有少数的天才才能达到,至于彻底的解脱(意志的否定)就更只能是少数中的少数。王国维对此提出"疑问"说,历史的事实究竟证明是意志的肯定("生生主义")占了优势呢,还是意志的否定("无生主义")占了优势呢?如果只有少数中的少数得救,而同时却有越来越多的人沉沦,那么所谓解脱究竟是可能的吗?他提出疑问说:自从释迦示寂和耶稣基督上了十字架以来,人类的生存欲望和痛苦又究竟减少了多少呢?看来所谓解脱只不过是不可能实现的梦想罢了。而且叔本华的意志否定，是要靠意志自己否定其自己的；既然否定意志仍然要靠意志，那么究竟意志是否可能否定就大有问题了。所有这些"绝大之疑问"，都表明王国维的叔本华思想遭遇了不可克服的危机。

叔本华的体系，包括如下三个组成部分：（一）意志论——生存意志是盲目的、反理性的，从而否定了自然现象与社会现象的规律性及其可知性。（二）天才论——艺术与哲学只是少数天才者的特权，从而否定了人民群众的地位和作用。（三）悲观论——人生是痛苦的，从而否定了一切实践的意义。王国维并没有能完全摆脱这个体系，他的思想里有着很多消极的东西，有着浓厚的逃避现实的倾向。然而即使如此，两人之间毕竟仍有不容忽视的分歧。首先，叔本华的理论到了王国维的手里是和他自己的怀疑与批判的精神结合在一起的，并且在当时首先就是批判神圣性的封建道统的。他面临的是"自三代至近世道出于一……海通而后乃出于二"，而在这场道术为天下裂的面前，早期的王国维本人是自觉地站在西学一边的，因此在这场新旧学思想的交锋里他自然而然地会表现出某些自发的重理性、重客观、重事实的科学态度。这种态度虽则笼罩在一个悲观论体系里，却不断间歇地焕发出它自己的光彩来。正因为如此，他才可能批评他西方的老师们：他曾批评叔本华是个白日梦者,还批评过尼采是一个不分日夜都在做梦的人。其次,在他的思想深处他往往有意无意在以"感情"来代替叔本华的"意志"。凡是他所谓"生存意志"的地方,他往往有意无意地指的是感情。王国维虽然接受了叔本华,但他早期的思想性格里始终包含着一缕清醒的成分,表现出作为向西方追求真理行列里的一个成员,他并没有完全丧失自己的信心。他的痛苦乃是新旧思想尖锐矛盾而又无力解决这种矛盾的产物。他所要求的"解脱"(形而上学也好,艺术也好),实质上都是在要求着解脱这一具体的思想矛盾。他之强调个人感情的真实,包含有与封建道统的虚伪相对抗的意义。这需要一定的思想勇气。和叔本华不同,王国维把封建道德说教还原为自然本能时,其实质是饱含着反封建的内涵的。在王国维的早年哲学思想里,并没有复古或泥古的成分;相反地他倒是极力宣传西学在反对复古和泥古。王国维所称赞叔本华和尼采的是他们"破坏旧文化、创造新文化",这其实是他的自道和自许。他在哲学上的唯名主义、他在艺术上的自然流露说(Theory of Spontaneity,如他赞美宋元戏曲,说它们不过是"自然而已矣"),都是这种思想倾向的反映。但他看不到人类本质的社会性,他的思想体系大大地束缚了他的某些积极性的思想因素进一步发展。他的世界观的矛盾是自始就紧紧束缚在他身上的。

三

在哲学思想上，王国维就这样面临着巨大的矛盾而又无力克服。下面是他的自白：

> 余疲于哲学有日矣。哲学上之说大都可爱而不可信，可信者不可爱。余知真理而余又爱其谬误伟大之形上学、高严之伦理学与纯粹之美学；此吾人所酷嗜也。然求其可信者，则宁在知识论上之实证论，伦理学上之快乐论与美学上之经验论。知其可信而不能爱，觉其可爱而不能信；此近二三年中最大之烦闷，而近日之嗜好所以渐由哲学而移于文学，而欲于其中求直接之慰藉者也。要之余之性质欲为哲学家则感情苦多而知力苦寡；欲为诗人则又苦感情寡而理性多。诗歌乎，哲学乎，他日以何者终吾身所不敢知，抑在二者之间乎？（《遗书》卷十五，《静庵文集续编·自序二》）

他在哲学上走不通的时候，就开始逃避到艺术里去，企图在那里面找到安慰和解脱。按照某些割裂认识与实践的说法，仿佛知识是采取概念的形式，而艺术则只诉诸直觉而不诉诸概念，艺术被说成仿佛是不需要任何现实基础的一座纯粹美的象牙之塔；因此康德认为美的特性之一就是"普遍的使人愉悦而不具有任何概念"，叔本华则认为审美的方式亦即"摆脱认识的方式"。而这便是王国维美学观点的主要来源；他把艺术首先看成是超乎现实生活之外与之上而独立存在的某种东西。这当然只能是一种思想虚构。

王国维是近代第一个比较系统地介绍西方资产阶级美学理论的人，他在这方面的思想影响超过了他的哲学影响。他的美学思想也较之他的哲学思想更为丰富。他正式提出美学的对象和范围乃是"定美之标准与文学上之原理"。在他看来，文学批评绝不是寄经学与考据篱下的附庸而应该有其独立的地位与价值。《人间词话》脱稿于1910年9月（时年33岁），可以认为代表他美学思想上比较成熟的见解；次年辛亥革命他就东渡日本并且"尽弃前学"了。

在王国维的美学思想中，有关美感能力在理性中的地位、美学在哲学中的地位、美的分类这类问题大体都得自康德；有关艺术的性质与作用这类问题，大体都得自叔本华。

康德把理性最后分解为三种根本的不可再简约的能力——认识"真"的纯粹理性，要求"善"的实践理性与感受"美"的判断能力。康德就这样概括了他对于全部人类理性的根本见解："全部的灵魂能力或者说能量，可以归结为三种——这三种已经是我们不能从一个共同一致的立场上再进一步加以区分的——即认识的能力、愉悦与否的感觉和愿望的能力。"(《判断力批判》，《序论》，Ⅲ)《判断力批判》一书，代表康德晚年希图打通物我之间、打通本体世界与现象世界之间的努力："于是，在认识能力与愿望能力之间便有愉悦的感情，正如在悟性与理性之间便有判断力"(《判断力批判》)；必然与自由之间曾有一条不可逾越的鸿沟，自由的概念不能引用于自然界，必然的概念也不能引用于道德界，但唯有判断能力则构成二者间的桥梁(《判断力批判》，《序论》，Ⅸ)。这样，艺术就起着一个自然与自由的居间者的作用。叔本华特别夸大艺术的直观作用，他说："每一种艺术品都正是要向我们指出生命与事物在真实之中的本然面貌。生命与事物的本然面貌在主客偶然遇合的雾色朦胧中并不能为人直接辨认出来，但是艺术则消解了这种朦胧的雾色。"(《叔本华全集》卷三，第464页)显然可以看出，以上的观点不仅是王国维在文艺上所以要强调"不隔"("隔与不隔"的"不隔")[1]这一标准的来源,而且也构成他整个美学理论的中心思想。王国维承袭康德,把理性能力分解为三个组成部分,即思维、感情与意志;三者的对象分别是科学、美术与道德(《遗书》卷十五,《奏定经学科大学文学科大学章程书后》)。他一方面分辨了哲学与诗歌之不同:哲学是思辨的,诗歌是直观的;哲学诉诸逻辑,诗歌诉诸顿悟。另一方面他又强调了美术与道德的对立,美术具有超道德之外的独立价值。这实际是康德的三分法的复述。康德认为美的要素之一就是它与利害无关[2];王国维便认为"美之性质一言以蔽之,曰:可爱玩而不可利用者是也"(后来被人所侈谈的"无所为而为的观赏")。康德的美学在近代美学思想史上占有重要的地位[3],为此后的美学奠定了理论基础。它也长期曾在我国被宣扬过,王国维便是第一个宣扬它的人。宣扬"美"的独立价值、宣扬"为艺术而艺术",在不同的时代、地点与条件下可以是"为道德而

---

[1] 《人间词话》有一段专论"隔与不隔"。

[2] 康德:《判断力批判》,第二节。

[3] 黑格尔在《哲学史》中认为它是"关于美的第一个合于理性的言论",在《小逻辑》中认为它"上升到了思辨的高度"。

艺术"的对立面,也可以是"为金钱而艺术"或"为人生而艺术"的对立面,还可以是"为革命而艺术"的对立面。当王国维强调个人感情的"独立之位置"与价值的时候,那实质上是在社会政治的束缚之下要求思想解放与个性解放,客观上也就是为反封建传统的个人主义思想感情争合法地位。在社会的急剧变化的条件之下,个人感情或个性(也就是所谓的人性)要求解放与社会传统势力之间的矛盾日益尖锐化乃是历史的必然;王国维所指为《红楼梦》的悲剧的,其实也是他自己的悲剧。而被这幕悲剧所苦恼时,王国维所追求是肯定个人感情而否定社会传统。王国维提出过这类反对传统势力的命题,如说:"社会上之习惯杀许多之善人,文学上之习惯杀许多之天才。"(《遗书》卷四十二,《人间词话·卷下》)。被他抬出来作为传统习惯势力的对立面的便是自然,而真正美好的文学艺术之成为美好,也就无非是由于"自然而已矣"(《遗书》卷四十三,《宋元戏曲考》)。

但是这种启蒙运动式的"返于自然"的微弱呼声并没有能克服他整个思想体系;他对于艺术的性质与作用的理解基本上仍未摆脱叔本华的论点,认为悲剧能教人"弃绝整个生活意志"(《叔本华全集》卷三,第496页)。王国维宣扬艺术的目的在于表现"宇宙之永恒的正义",所谓"永恒的正义"(按:为叔本华语,见《意志与表象之世界》卷一,第483页)就是指"生命即苦难"(《意志与表象之世界》卷一,第401页);而艺术的任务则在于"描写人生之痛苦与其解脱之道"(《遗书》卷十四,《红楼梦评论》)。换句话说,艺术的作用就在于使人"离开生命之欲""忘物我之关系"(《遗书》卷十四,《红楼梦评论》)。但正是由于他的某些崇理性、重自然的思想,使得他的若干美学论点为当时思想界吹入一股清新的空气。这种清新的片段之得以出现,应该归之于他能摆脱思想上旧的束缚。王国维的美学尽管包含有许多矛盾、错误与形式主义的东西,然而他的一些论点仍不失美学思想史上的一大进步。

艺术是什么?在王国维看来,艺术就是使人们在静观(叔本华的"直观"或"直觉")之中获得"实念"。人生虽然就是痛苦,然而却有一种知识可以使人认识这一真理,从而可以使人解脱,那就是艺术。艺术开始于人们能够暂时摆脱生存意志的时刻。这种观点实际上是把个人从历史和现实中游离出来,而要求抓住一个孤立自存的永恒不变的"我"的实体,并通过这样的"我"去"发现人类全体之性质"。但事实上,具体的人是受整个现实所制约的、所决定的,人性也只是现实的反映;而叔本华和王国维却把具体的人看成像是脱离现实而独立存在永恒不变的"单子"。于是他们就不能不把人等同为一种生物的本能,亦即生存意志。可感觉的世界并非是永恒不变的,而是一定的现实条件的产物;所以美的感受者也并不只是消极地"静观"世界而已,他还参与改变和制造世界,同时也就改变着他自己的世界。马克思说:"社会人的诸感觉不同于非社会人的感觉;只有经过人的本质对象展开了的丰富性,才成为一个音乐的耳朵,对形式底美的一只眼睛,一句话,才成为人的享受可能的诸感觉。"(马克思:《1844年经济哲学手稿》,第89页)但叔本华、王国维在这个问题上都把社会人等同于生物人。他们以纯思辨的方式把"我"分裂为两重;仿佛一方面既有一个客观存在的"我",一方面又有一个纯粹思维的"我"。叔本华把前者说成是被其生存意志所支配着的我,后者则是暂时摆脱了生存意志的我;前者是生活着的我,后者是静观着的我。王国维就这样追随叔本华而把实际颠倒过来,他把前者说成是假象,而把后者说成是真实;仿佛科学只研究假象,而艺术才能够表现这个"得之于天而不以境遇易"的"真我"(《遗书》卷十,《二田画记》)。王国维的美学可以说是近代中国最早系统地宣扬文艺应该表现永恒真理或普遍人性的理论之一。这种理论虽有其一定的积极意义,但其所依据的整个世界观则是值得商榷的。按照这种说法，现实与艺术、逻辑与直观是互不相容的，它们的对立不是相对的而是绝对的；科学是实验的或者实证的，而艺术则是直观的或者静观的（《意志与表象之世界》，英译本，卷三，第三十五至三十六节）。王国维要求艺术做到所谓"静中观我"，亦即要求摆脱自己的欲望而把自己纯粹当作对象来观赏。这样所能够达到的一种天人同体或物我合一的状态，据说就是最理想的"不隔"，艺术的价值就在于这种"使人忘物我之关系"（《遗书》卷四十四，《红楼梦评论》）的"直观"或"静观"，因为这种"直观"或"静观"能使生活意志引退。在这种意义上，他所标榜的"境界"具体地说就指以纯粹静观的我反观充满欲望的我、以思维之我反观存在之我所能达到的"无我"或忘我的程度。这种所谓的美，自然不能不是与现实生活绝缘的，于是美就成了少数人的特权。这就是王国维在美学上所主张的"贵族主义"；艺术在他看来只是而且也只能是少数天才者的特权。

在天才论上，王国维也离开了康德而追随叔本华。叔本华说："艺术是天才的创作"（《意志与表象之世界》卷一，第239页），王国维跟着他说："美术者，天才之制作也。"（《遗书》卷十五，《古雅在美学上之地位》）什么是天才？天才据说就是与"俗人"不同而具有特别超意志的静观能力的人。所谓美是与经验和实践毫无关系的一种"静观",实质上只能是逃避现实。天才(艺术家)被说成只是一个孤独的"往往不胜孤寂之感"(《遗书》卷十四,《叔本华与尼采》)的冷眼旁观者,他完全脱离人民群众的经验与智慧,而只凭一种特殊的、非逻辑的直觉能力便可以洞见永恒的正义或真理。所以王国维又引叔本华的话强调说:"由知力上言之,人类真贵族的也、阶级的也。"(《遗书》卷十四,《叔本华与尼采》)天才就是超出"流俗"之上的精神贵族,即他所谓"观我观物之事,自有天在,固难期诸流俗"(《遗书》卷十三,《苕华词·叙》)。唯有这种"非常之人"才能够"绝生活之欲,得解脱之道"(《遗书》卷十四,《红楼梦评论》)。这种有关艺术天才或精神贵族的学说,是王国维美学思想中的主导方面,但王国维美学思想中也还有与得自叔本华这一主导方面相矛盾的另一方。

叔本华的美是与现实相割裂的一种主观上的冥想状态,而王国维的美则同时透露出一种返于自然的倾向;自然(包括感情)的一切都是美好的,艺术之所以为美只不过是由于其"自然而已矣"。"自然"这个标尺是王国维美学思想的基本原则之一。美必须是"自然"或"天然"。他称赞伟大的文艺作品时总是用"出乎自然""合乎自然""自然之声""最自然之文学""以自然之眼观物,以自然之舌言情""曲尽人情字字本色",以及"感自己之感,言自己之言"这一类的说法。而与自然相对立的,就是"蔽",就是"因袭",就是"习俗"和"习套"。在思想上他要求摆脱传统束缚,要求个人与个性解放;在艺术上他要求突破"习惯"而返于自然[1]。返于自然就意味着要求摆脱种种旧传统的偏见。事实是,王国维的静观既有其叔本华的一面,即把世界作为纯观念世界而加以观赏,这时候个人便不可避免地要从现实世界里被游离出来成为一个孤独的人而感到"偶开天眼窥红尘,可怜身是眼中人"(《遗书》卷十三,《苕华词·浣溪沙》)那样一种绝望与悲哀;但同时又有其清醒的一面,这时候他要求"以自然之眼观物,以自然之舌言情"(《遗书》卷四十二,《人间词话·卷上》),要求忠于客观世界,忠于自然。这个矛盾始终没有得到很好的解决,而这个矛盾采取理论化的形式之后,就构成为王国维如下的一个基本论点:"诗人对宇宙人生须入乎其内又须出乎其外。入乎其内故能写之,出乎其外故能观之;入乎其内故有生气,出乎其外故有高致。"(《遗书》卷四十二,《人间词活·卷上》)

---

[1] 他并且运用这种观点去整理文学史,解释各种文体盛衰演变的原因。他在文史研究上的一些成绩和这一观点是分不开的。

"出乎其外"脱胎于叔本华式的静观,但王国维并没有一味地要求绝对地"出乎其外"的静观;在他,"入乎其内"与"出乎其外"是互为表里的。"出乎其外"须以"入乎其内"为条件,所以他要求艺术家必须"忠实"于感情、"忠实"于自然。自然在这里正如在18世纪的思想家那里,构成封建文化种种虚设的反题。于静观之外,别标自然这一准绳;这是王国维背弃了叔本华的地方。自然就是客观存在的世界。在美学上,王国维提出过一些较好的论点,都是与他这种返于自然的态度分不开的。然而,由于他世界观中主导的那一面是消极的,所以他的返于自然的要求有时就被一种虚无主义的情绪所浸没,于是返于自然也可以变成逃避自然或逃出自然。这一点也正是中国启蒙运动与西方启蒙运动的不同之处。

王国维梦想着艺术能创造纯粹的美,而美可以帮助他解脱——解脱于他所无力加以克服的那种新与旧之间不可调和的矛盾(实际是逃避矛盾)。美的功能既然如此,因而他的美学理论里便不可避免地有着浓厚的唯美主义或唯艺术主义的成分。正像在哲学上他追求永恒的、绝对的纯粹真理世界,在艺术上他便追求永恒的、绝对的纯粹美的世界。在不同的时代,永恒的美这个口号可以是用来否定旧社会的权威,也可以是用来对抗新社会的到来。王国维则一身同时负荷了这双重的任务，这是被20世纪初中国的具体条件决定的。在他的唯美倾向里同时混杂着积极性的成分和消极性的成分。这种矛盾从构成为他美学中心思想的境界说[1]里鲜明地反映了出来。

王国维不像某些主观论者那样把直觉径直等同于表现；相反地，他清楚地划分出了"艺术之美"和"自然之美"（《遗书》卷十四，《红楼梦评论》）的界限——"自然之美"是美的事物，而"艺术之美"则是对事物之美的表现。美的感受属于观赏能力，但艺术则必须还包括表达能力。他提到"夫境界之呈于吾心而见于外物者皆须臾之物，惟诗人能以此须臾之物镌诸不朽之文字使读者自得之，遂觉诗人之言字字为我心中所欲言，而又非我之所能自言"（《遗书》卷三十二，《清真先生遗事·尚论三》）。因此所谓境界，其中便包括两个组成部分：（一）美的感受（"所欲言"）；（二）美的传达（"所能言"）。二者缺一，就不成其为艺术。就美的感受而

---

[1] 王国维对他自己的境界说，自我评价甚高。他说："词以境界为最上"，"沧浪（严羽）所谓兴趣，阮亭（王士祯）所谓神韵犹不过道其面目，不若鄙人拈出境界二字为探其本也"（《遗书》卷四十二，《人间词话·卷上》）。又说："言气质、言神韵，不如言境界。有境界本也，气质神韵末也。"（《遗书》卷四十二，《人间词话·卷下》）

论，则境界既包括自然的景物——这叫作"境"，也包括人的感情——这叫作"意"。他说："文学之工与不工，亦视意境之有无与其浅深而已。"（《遗书》卷十三，《苕华词·叙》）[1] 什么叫意境的有无，或者有意境？他解释说："文学有意境以其能观之也。"这个"观"即指"静观"，静观既包括观我（"意"），又包括观物（"境"）。所以他说："文学之事……意与境二者而已"（《遗书》卷十三，《苕华词·叙》），又说："境非独谓景物也，喜怒哀乐亦人心中之一境界。"（《遗书》卷四十二，《人间词话·卷上》）在这种意义上，境界就是意境，意境就是境界。返于自然就包括返于感情或返于人性在内；而自然和人性正是等级制的反题。但境界还包括另一个组成部分，即美的表达。就美的表达而论，则"能写真景物、真感情者谓之有境界，否则谓之无境界"（《遗书》卷四十二，《人间词话·卷上》）；又说："诗人之境界，惟诗人能感之而能写之。"（《遗书》卷三十二，《清真先生遗事·尚论三》）艺术仅只有认识（美感或判断力）是不够的，还一定要能够把这种认识表达出来。[2]《人

---

[1] 作者按：《苕华词·叙》托名"山阴樊志厚"作，实即王国维本人所撰。

[2] 叔本华认为诗歌的最大问题在于传达。见《意志与表象之世界》，英译本，卷一，第315页。

间词话》中所举的，如"'红杏枝头春意闹'，著一闹字而境界全出。'云破月来花弄影'，著一弄字而境界全出矣"(《遗书》卷四十二，《人间词话·卷上》)，都是指表达。以上王国维所指出的第一方面（美的感受）即康德所谓的"欣赏"，第二方面（美的表达）即康德所说的"天才"。康德说："对于如是的美的对象加以品鉴的乃是欣赏；然而对于艺术，亦即这种对象的传达，则需要天才"(康德:《判断力批判》，第四十八节)；而"天才就是为艺术而立法的才能"(康德:《判断力批判》，第四十六节)。又说："自然美乃是一种美的事物，而艺术美则是对事物的美的表现。"(康德:《判断力批判》，第四十八节) 王国维境界论的第一方面，即美的感受，就是康德的对美的事物的欣赏（"自然美"），而王国维境界论的第二方面，即美的表达，就是康德对事物的美的表现（"艺术美"）。

由此可见，王国维的美学体系基本上不脱 18 世纪以来正统美学的观点。他遵循这种正统观点，认为美并不存在于客体，美本身并没有客观的存在；美只是主观认识的一部分，只是一种特殊的主观认识状态。所以他说："一切境界无不为诗人设，世无诗人即无此种境界。"(《遗书》卷三十二，《清真先生遗事·尚论三》) 也就是说，既然美只是主观的一种特殊认识状态，所以就只能依靠主体的存在而存在。简单来说,美是主客体的结合,主体即纯粹的思维,客体即永恒的观念,两个形而上学概念结合在一起就构成为"美"。在某些场合,王国维的"不隔"就指的是这样一种精神状态。

但在另外某些地方王国维却显著地脱离了叔本华,而具有若干朴素的反映论倾向。无论他的思想体系的逻辑结构如何,王国维始终不曾承认境界可以完全是主观的虚构。在他的美学里,正如在他的知识论里,他时常表现出在两条路线之间摇摆着、徬徨着;有时候他以为美是主观的创造,但也有时候他又认为精神(主观创造)必须服从自然(客观世界),并以二者相提并论;例如他提道:"自然中之物,互相关系、互相限制……虽如何虚构之境,其材料必求之于自然,而其构造亦必服从自然之法律。"(《遗书》卷四十二,《人间词话·卷上》)他认为艺术家所创造的境界绝不能脱离自然,而必须"合乎自然"(《遗书》卷四十二,《人间词话·卷上》)。因此,在某些场合,他的"不隔"又成为"自然而已矣"的同义语。这时的"自然"就不是叔本华式的观念,而且也不是任何意义上的观念;它指的就是客观世界。"自然"是他所提出的重要标尺之一;在个别的场合甚至于成为最重要的标尺。而且在他,自然不仅包括感情在内,也甚至于包括政治社会在内;他说

"(文艺)以其自然故,故能写当时政治及社会之情状"(《遗书》卷四十三,《宋元戏曲考》),甚至于还承认:"诗之为道既以描写人生为事,而人生者非孤立之生活而家族国家及社会中之生活也"(《遗书》卷十五,《文学小言》);又指出诗人不仅应该"忧生"而且应该"忧世"(《遗书》卷四十二,《人间词话·卷上》)。这个"自然"已不是观念世界或任何主观的构造,而是包括有客观世界的全部。在这种返于自然的基本思想里透露出来了他倾向于朴素的清醒的理智。但是他的美学中的合理因素最远就到此为止,再进一步把这种思想推向前方,那就不是王国维所能上升的高度了。

正像他在哲学上的摇摆始终未能摆脱观念论的怀抱一样,在美学上他也始终未能摆脱。在更多的时候,王国维并不认为美是一种客观的合规律的产物,而只是那个被抽空了现实属性的"我"的主观思想状态。自然美如此,艺术美亦然。因此论及自然美时,他引黄山谷的话说:"天下清景不择贤愚而与之,然吾特疑端为我辈设。"(《遗书》卷三十二,《清真先生遗事·尚论三》)在论及艺术美时又说:"画之高下视其我之高下,一人之画之高下又视其一时我之高下。"(《遗书》卷十,《二田画记》)归根结底,构成王国维美学的基本原则仍然是康德的观念——判断力是美的立法者,以及叔本华的观念——艺术是天才的制造品,这两者的糅合。这里的"我"和"我辈"都指天才,一切自然美和艺术美都是这个"我"的主观思想状态在起作用的结果。所以王国维在重复尼采的"知力贵族主义"的说法时,公然说过"美术者上流社会之宗教也"[1](《遗书》卷十五,《奏定经学科大学文学科大学章程书后》)的话。这种思想倾向使得他自相矛盾地抹杀了返于自然的理论路线而流于强调纯技巧的重要性(例如他所谓的"古雅")。

王国维是一个弱者,他思想中的合理因素无力突破沉重的压迫在他身上的理论负担。他走的思想道路始终是到处碰壁,没有走通;哲学理论走不通就转入文艺,文艺又走不通就转入古史,古史学走半途就在湖水里结束了自己的遗老生活;这些都是他思想走入绝境的见证。但是我们也应看到他思想中某些清醒的、合理的成分;他在学术上,特别是在古史研究上,曾经做出过巨大的贡献(他的史学思想不属本文范围,拟另撰文论述)。那同样是有它的思想基础的。他在理论体系上接受了19世纪德国的唯心主义,但他本人的倾向却有着

---

[1] 王国维认为宗教绝对不能废止,因为宗教是以对来世的希望来补偿人们对现世的失望。如果废止了宗教,人们就要向鸦片烟里去寻找麻醉了;这等于承认宗教是人们精神上的鸦片烟。他又谈到宗教对"上流社会"是不适用的,因为上流社会有美术作为他们的宗教。这里明白如画地表明了他的偏见。

类似于 18 世纪法国启蒙思想的因素。

正如一个民族不会原封不动地接受一种外来思想一样，一个人也不会原封不动地接受别人的思想，而总是会按自己的方式加以改造。王国维的思想和理论深受康德、叔本华的影响，这一事实长期以来是众所周知的；但是似乎还很少有人提到，他思想中的积极因素却并不在于他受他们影响的地方，而恰好在于他能摆脱他们的影响而独抒己见的地方。本文特拈出此点，以就教于读者。

原载《中国哲学》第四辑

（生活·读书·新知三联书店，1980 年）

历史与理论[*]

◇ 任何学术思想，凡是不经过一番批判的洗礼的，都只能是一种经学的信仰，而不可能是一种科学的论证。

◇ 中国传统的历史学是通过一套伦理道德的教诲所传承下来的，即所谓"善善，恶恶，贤贤，贱不肖"，其目的并不在于通过知识去寻求真理，而是以事例进行说教，引导人们更好地去实践某种伦理价值（如忠君、爱国）。

当代实践的历史学家们往往习惯于"低头拉车"而不习惯于"抬头看路"。这里的前提假设仿佛是说：结论是早已经摆好在那里的了，历史学家的任务，无非就是为它再一次地补充上一份例证而已。你能填充一项例证，就算是做出了一分成绩，你能补充两份例证，就算

---

[*] 本文系《历史哲学引论》（张耕华，复旦大学出版社，2004年11月）一书序言。

是做出了两分成绩。正有如诸葛大丞相在《空城计》中所说的："国家事用不着尔等劳心。"这种为学的态度乃是经学的态度，《圣经》里面每提到一桩事件时，往往总是要强调"这就应了经上的话"云云。原来真理早在经上都有了，人们所见证的事实无非是为经上的真理再一次地提供一个例证而已。自来经学家的神圣职责无非就在于代圣贤立言、弘扬经义，而绝不可以对经义本身加以反思乃至拷问。然而真正的科学或哲学则恰是要对历来的经义不断地加以反思、质疑和拷问。实验、数据、资料和思想理论，双方永远是相互作用并相互促进的。

如果学术的目的是在于追求真理，而不仅只是要弘扬经义、代圣贤立言，那么学者就不应该单纯局限于找材料来充实自己的观点，而应该同时不断地反思并批判自己所据以立论的根据。这里的"批判"一词是指它18世纪的原来意义，即学者必须在自己的思想上经历一番逻辑的洗练或自我批评，借以检验自己立论的可实证性（或可证伪性）。

一直要到20世纪之初，史学界才开始自觉地开展一场史学革命，即所谓"新史学"的出现。新史学的登场对于传统的经学说教，确实有一番摧陷廓清之功，使人们的思想认识焕然一新，不再拘守在陈腐的说教束缚之下。到了"五四"时期，新的历史学已经从传统的政治伦理说教之下解放出来，获得了自己的独立地位。但是五四运动在其理论方面也不免有其局限。当时的学术思想大抵是在西方19世纪实证主义思潮的大气候之下进行的，而以历史学尤甚。它力图把历史学拉到朴素的事实的层面上来，但事实本身却并不构成其为历史学。历史本身在很多情况下并不是实证的，尽管它并不排斥自己有其实证的一方面，然而归根到底，它在其本性上并不就是一门实证的科学，也不可能把自己限定在实证的范围之内。证据或史料本身是不会说话的，说话的乃是掌握了这些材料的人。

自然科学的研究以自然世界为其对象，自然世界本身是客观的，研究者设定它是没有思想、意志或感情的，所以并不用考虑其间有任何的人文动机。然而历史学所研究的对象是人文世界，它彻头彻尾贯穿着人们的思想、意志和感情。故而历史的研究方式就不可能简单地等同于对自然世界的研究方式，尽管它也要利用自然科学的某些操作方式，如对某些古物的成分与年代的鉴定，为某些社会现象建立数量化模型，等等。人们总是习惯于说：事实就证明了什么什么。但是事实本身并不能进行论证，进行证明的乃是使用这些材料的人。而任何人都是为自己的思想和价值观所制约着的，因此就没有通常意义上那种所谓的客观。即使是人人都有目共睹的,也并不就意味着客观。例如,彩虹是人人看到的,但它并没有客观存在。自然现象尚且如此,人文现象就更加微妙得多了。历史就其是自然世界的一部分因而不可能不是与自然世界的必然律相一致的这一方面而言,它是不会脱离或者是违反自然世界的,故而也要服从自然界的必然规律。但是人文世界是人的创造,而不是(或不单纯是)自然的创作,或者借用一位哲学家的话来说:历史乃是自由人所创造的自由的事业。因而它就是人为的而非自然的。或者,我们不妨使用一种形象的说法:历史的轨迹是在这样一个坐标上运行的,这个坐标系的两个轴,一个代表着物质世界的必然,另一个则代表着人文精神的自由创造。因此,历史本身的运动轨迹就具有两重性,它是受这两者共同制约的结果。或者也可以把历史比作一个平行四边形的对角线,它的走向乃是这一平行四边形两边合力的结果。所以历史学的研究,一方面是要探讨历史行程之必然的、不以人的精神作用为转移的必然规律;但同时另一方面就要探讨历史行程之中那些非必然的人文动机的作用。因而,不但历史本身有其两重性,历史学本身也有其两重性。于是,这里就是一阕两个两重性的"两重奏"。未能够明确地理解这一点,正是导致以往大多数历史学家在对历史和历史学的认识未达一致的原因。自然科学研究的对象是无思想意识的自然界（有人认为原子也有自由意志，另当别论），所以它不以人的意愿为转移；历史学研究的对象则正恰是人文动机在其中起着主要作用的历史，人文世界本身乃是人文动机在起作用的产物。在历史学的研究中，无论是研究的客体抑或是研究的主体，都彻头彻尾地在贯穿着人的意志和愿望。既然人的主体性始终贯穿于其间，所以它就始终是受着人的意志的影响的。在这种意义上——而不仅仅是在"事在人为"的意义上——它同时也就是以人的意志为转移的。

任何学术总是材料与理论两者相辅相成共同结合而发展的。理论不可能毫无事实的根据，对事实的理解也必然促进理论不断深入。双方都不可能在原点上停滞不动。我们今天的认识应该已经远远超过了一个世纪或半个世纪之前我们那些前辈了。当然，我们也还是站在他们肩上才超越了他们的。过去长期以来，我国史学界习惯于旧实证主义的思维方式和探讨方式，往往满足于沉浸在成堆的史料和现成给定的思想体系之中，而从不萦心于自己所由以出发的思想的前提假设的条件及其局限性（或者说，它的有效性范围的界限）。这种盲目往往会导致人们钻之愈深则失之愈远。史家在自己对待历史世界的态度上,也必须既是入乎其内而又出乎其外,即既须入乎其内深入探索史实的真相,又能出乎其外随时反思并批判自己是如何理解历史世界的,亦即它的有效性的范围和程度究竟如何。正如一位航海家在大海之中是要时时刻刻调整着自己的方向的,而并非是罗盘一旦定了向,就可以一劳永逸地勇往直前了。一项史实是一旦如此就永远如此的,但是我们对它的认识却是永远在不断深入和永远不断在改变着的,从而我们对它的解读(也就是我们的思想)也是不断在改变和更新的。没有丰富的资料发掘作为依据,我们对历史的理念就会是空洞的,而没有深刻的自我反思,我们对历史的理解就会是盲目的、武断的。这一点对于许多传统的实践历史学家来说似乎是一件言之匪艰、行之唯艰的事。一种学术风尚一旦形成了一种舆论的气候,虽有豪杰之士往往也难以从其中脱身,更谈不到要力挽狂澜了。不过对这一点也不必过于消极。一方面,一个时代的大潮固然是个人所难以抗拒的;但是另一方面却也要看到事在人为。历史毕竟是人创造的,历史学是历史学家所创造的。颜习斋不是就说过吗:"学者勿以转移之权委以气数,一人行之为学术,众人从之为风俗。"理性不是不可以战胜盲从的,批判不是不可以战胜信仰的。这就又回到了上述的两重论:历史创造人,人也在创造历史。历史学家就是在这样一阕"两重奏"之中不断前进的。

随着改革开放的大潮,人文科学近年来也呈现出某些前所未有的新气象和新思路。史学思想和理论正在经历着一番更深层次的新的反思,尤其是有一批中青年的专业历史学家正在从事于历史理论与历史学理论更深层次的探讨。人们常常要问:人生有什么意义?史家也往往要问:历史有什么意义?如果有意义的话,那意义也不是客观世界先天给定的,而是要待到人们探索之后才给定的。这便是通常所谓的历史哲学。凡是未能对此做出答案的,可以说都未能上升到哲学的高度。对历史本身做出答案的,可以说是历史哲学中的形而上学;对历史学本身做出答案的,则是历史哲学中的认识论。以中国悠久的历史学中的优良传统与现代科学的思想方法和操作方法相结合,我们可以期待着我国历史学研究出现新的局面。不先批判地认识历史学本身的性质,又怎么可能认识历史呢?华东师大张耕华先生最近以他多年钻研的心得撰成《历史哲学引论》一书,深入探讨了历史和历史学的本性及其认识论的问题。承耕华先生不弃,于书成之后赐寄一份给我,使我先睹为快。我深恐未能很好地体会作者的原意,遂拉杂写出自己读后的随感如上,以就教于耕华先生和对这个问题有兴趣的同道。

2004 年 9 月北京清华园

编　后

一切炫人眼目，都只不过是一片过眼云烟，唯有真正的精金美玉才为后世所宝。

——歌德

何兆武先生今年已经98岁高龄。4月底，清华108周年校庆期间，一位老师告诉我，何先生精神不错，身体尚健，只是听力变弱。我觉得这是清华校庆期间我得到的好消息。

九年前，因写作出版《一个时代的斯文：清华校长梅贻琦》，我有缘认识何兆武先生。何先生1939年考入西南联合大学，1943—1946年读研究生，联大七年先后读过四个系，他在《上学记》里详细讲述了在西南联大求学时的无限欢乐——有大师、有挚友，有希望、有迷茫，有幸福、有困顿，有和平、有战火……一谈起西南联大的主心骨梅贻琦先生时,何先生那写满岁月沧桑的笑脸上,绽放着虔诚和崇敬,悄然感人。他娓娓地回忆起老校长梅先生的敬业、沉稳、纯粹的品性,平和地述说梅先生的逸事趣闻,高度评价了梅先生的教育理念和办学成就。

听何先生讲梅先生的故事,我也就慢慢地走近何先生。当时已届九旬的他,心平如镜,谦和若水,虽然一再抱歉记性差,可一打开话闸,世间万象皆了然于心。他思维敏捷流畅,许多场景描述得如同电影一般清晰有趣,有时哪怕是家常式的聊天,却常常闪烁着哲思的光芒,让听者感受到的是思想的盛宴。

何先生说,渴求真理乃是人之所以为人的绝对需要。人之异于禽兽就在于:人不是一种食肉兽,是一种食真理兽,要靠吃真理而生存。因此,何先生一辈子都在追求真知,即使在劳动改造,不闻学术的昏暗日子里,他也没有放弃过。对于学术,何先生坚信,学术有它自己的尊严和价值,不是神学说教的女仆。他真诚希望自己的潜心问学,能够帮助人们开启迈向现代化的大门。

科学是一把双刃剑。在何先生看来,科学在近代已经取得了无与伦比的胜利,但是它还没能完全克服人们思想中的偏狭、愚昧和迷信,它还需更好地认识它自己的有效性的范围，承认在自己的领域之外的其他各种非科学思想的合法地位，包括道德、伦理、信念、理想、感情等等在内。人类并没有仅仅因为科学的进步，就能保证自己的生活更美满、更幸福。美好的生活、美好的社会和美好的历史前景，并不仅仅依赖于我们必须是"能人"，还更加有赖于我们必须是"智人"，是真正有智慧的人。没有人文社科的健全发展，科学（知识就是力量）一旦失控，将不但不是造福于人类，反而很有可能危害于人类。的确，如果希特勒之流掌握核心技术，那必定是人类的劫难。

作为历史学家，他一直在从古今中外的大历史中寻找中国迈向现代化（或近代化）的文明进步之路。何先生认为，人类文明的进步，首先而且主要是靠此前历代智慧的积累。如果不是站在前人已有的基础之上，反而把前人的成就和贡献一扫而光，人类就只好是倒退到原始的野蛮状态，一切又从零开始。前人积累的智慧结晶不但包括物质文明，也包括精神文明，不但包括科技和艺术，也包括历代所形成的种种风俗、体制、礼仪、信仰、宗教崇拜、精神面貌和心灵状态等等。因此，任何人都无权以革命的名义（或以任何的名义）去破坏和摧残全民族、全人类千百年的智慧所积累的精神财富。

近代中国已经无可逆转地步入了世界大家庭，这一进程只能是一往无前而义无反顾的。近代以来，确实有人也曾想要闭关自守，甚至以天朝上国的姿态妄自尊大，俯视环宇，结果只是落得一场堂·吉诃德式的闹剧的幻灭。

中国近代化的起步要比西方晚了三个世纪，因此人们就错误地认为我们近代化就要学"西学"。何先生一再提醒，其实我们要走的乃是近代化的道路，这是全世界共同的道路，不论哪个国家，哪个民族都要走近代化的道路。只不过这条共同道路上，西方比其余的世界（包括中国）先进了一步而已，这是大家共同的道路，不是"西方"的道路，不过是西方早走了一步而已，我们中国人也要走这一条道路，所有的国家都要走这一条道路，近代化道路是所有国家共同的道路。

由于历史条件不同，每个民族当然有各自过去历史上所形成的特色，但它共同的道路乃是普遍的，普遍性终究是第一位的。中国当然有中国的特殊性，每一个国家，每一个民族都有它的特殊性，不光是国家、民族有特殊性，个人也会有特殊性。人类的历史有它的普遍性，也有它的特殊性。我们不能强调一方面，忽视另外一方面。比如特别强调中国的特殊性，讲什么都把它放在第一位，那你把普遍性价值放在什么地方？同样，反过来，如果只提普遍性，那大家千篇一律、千人一面，这样也不成。任何东西都是从传统里边演变出来的，所以不能对传统全盘否定；可是又不能永远停留在原来的那个水平上，总是要不断地提高和进步的。

作为哲学家，他从中国哲人到西方哲人那里广泛地汲取文化思想史的营养，不断地丰富自己的学术洞见，探索中国现代社会（或近代化）文明进步的要素。

何先生说，一部人类史的开阖大关键，不外是人类怎样由传统社会转入近代化的历程。其间最为关键性的契机，厥惟近代科学与近代思想的登场。近代科学与近代思想之出现于历史舞台，不应该视为只是一个偶然的现象，它乃是一项整体系统工程的产物。中世纪的思维方式产生不了近代科学。这是一场思想文化上脱胎换骨的新生，培根、笛卡尔、帕斯卡、伽利略、伏尔泰、卢梭等一长串的名字都为此做出了不可磨灭的贡献。近代思想文化的主潮或许可以归结为这样的一点，即人的觉醒。换句话说，自从文艺复兴以来，近代思想的总趋势即是人的觉醒；在启蒙时代，康德的理论里达到了它的最高境界——自由，以自由为基础的道德律和权利，绝不是一句空话，它是驾驭人类历史的大经大法。全部人类的历史就是一幕人类理性自我解放的过程，也就是理性逐步走向自律的过程。思想自由、言论自由和学术良心是被康德所强调的一个公民最根本的、不可剥夺的权利。无论自己侵犯别人的自由，还是别人侵犯自己的自由，都是最严重的侵权行为。一切政治都必须以人类自由为原则，否则政治就会堕落为一场玩弄权术的无聊游戏。

正是这些先哲三百多年来前赴后继的启蒙，使得19世纪英国法学史权威梅因可以用一句话高度概括人类的文明史——迄今为止，一切进步性社会的运动，都是一场"从身份到契约"的运动。也就是说，一切进步性社会的特点，都是人身依附或身份统治关系的消失而让位给日益增长的个人权利与义务的关系。何先生强调，圣人制作和名教统治都不是什么垂宪万世的东西；永恒不变的只有个人的天赋人权或自然权利。人是生而具有平等的权利的，因而是生来就享有自由的；这些权利是自然所赋予的（天赋的），不分等级高下。

具有划时代意义的五四运动已经一百年。何先生也和我多次谈到五四运动。何先生说，中国历史从传统社会走到现代社会，直到五四运动，才总结出科学与民主两面旗帜。因为近代化是一个全球性、普遍性、不可逆转的潮流，但如果没有科学和民主，就很难有近代化。讲究科学，就必须有一个条件，即思想自由。如果思想上没有自由，学术是无法进步的。而民主就是民主，不民主就是不民主。民主和科学一样，有粗精之分、高低之分，形式可以有不同，实质是一样的。就我们现在来说，近代化具有普遍性，是第一位的，民族特色是特殊性，是第二位的。

上大学时，何先生经常与他的同学挚友、世界著名的逻辑学家王浩先生探讨人生幸福这类永恒的话题。他谦逊地说，其实没有标准答案。不过，何先生还是给出幸福的方子，一个是你必须觉得个人的前途是光明的、美好的。另一方面，整个社会的前景，也必须是一天比一天更加美好。如果社会整体在腐败下去，个人是不可能真正幸福的。能够讲述世人幸福之道的何先生，幸福吗？他经历沧桑，在战乱频仍、饥饿横行、疯狂无限后，始得晚景的一片安宁。不过，从他那和蔼安详乐观的神态里，我觉得他是幸福的。这种幸福不是一般人能够体会到的，只有像他这样经历苦难仍悲悯天下，穿透迷雾而拨云见日，坚信我们终将走上现代化大道的人，才能有这样难得的体验，才配享这样多彩的百年人生。

何先生曾借用诗人济慈的墓志铭说："人生一世，不过就是把名字写在水上。"细细体察何先生近百年来的行谊，他一直都这样看淡自己的人生，在追名逐利的浮躁氛围中，学富五车的何先生却始终与思想为友，甘于清贫，甘于寂寞，宁静淡泊。不过，我坚信，不论何先生自己如何淡然，但如他这样的人中龙凤，像他这样的人生，一定会被后人所记。

阅读何先生的作品，无论是他的学术文章，还是随笔散文，都是一种享受。他的文字简洁、干净、幽默、睿智，常常让人耳目一新，感受到通往常识和智慧道路上的豁然和快慰。比如，常有人认为明清之际，西方传教士为中国带来了近代科学技术。何先生一直反对，他认为，近代世界的主潮是科学与民主。那些传教士是要传播中世纪的宗教，跟近代科学和民主并没有关系，因为中世纪宗教实质上反对近代科学，这些传教士不可能带来中国所需要的近代科学与近代思想，所以他们对于中国的近代化没有贡献。

承蒙何先生信任，我有幸整理、编辑他自20世纪80年代以来发表在各类报刊上的学术文章和随笔散文。这些文章视野非常开阔，但主题却是高度的集中，即近代化是世界各国的共同道路，中国也概莫能外。要走近代化道路，就必须举起科学和民主两面大旗。我将何先生的文章，依所涉内容辑成历史、哲学、文化、读书四大类，辑成此书，旨在为面向未来的读者提供普及常识、追求真知的读本。2012年初版时为厚厚的一册，再版时为了方便读者阅读，特将此书按历史、哲学、文化、读书四大类内容单独成册。

在2012年本书初版时，得到科学出版社大众图书出版分社社长周辉先生的鼎力支持。此次再版，微言传媒总编辑周青丰先生给予专业支持和协助。这本书的出版过程中，自始至终得到清华大学经管学院刘燕欣老师的鼓励和帮助。在此，我谨向他们致以诚挚的谢意！

最后，我要感谢我的妻子和女儿。如果没有她们的理解和宽容，为我营造思想的自由世界，我很难能经年累月地静下心来发现与采撷何先生的这些"精金美玉"，呈献给诸位读者。

钟秀斌

2019年5月于北京

图书在版编目(CIP)数据

从身份到契约:何兆武谈哲学/何兆武著.
-- 上海:学林出版社,2019.10
ISBN 978-7-5486-1586-6

Ⅰ.①从… Ⅱ.①何… Ⅲ.①哲学—研究 Ⅳ.①B

中国版本图书馆CIP数据核字(2019)第250998号

策 划 人 钟秀斌　周青丰
责任编辑 王莹兮
特约编辑 夏　青
封面设计 微言视觉｜苗庆东

何兆武思想文化随笔

从身份到契约:何兆武谈哲学

何兆武 著

出　　版	学林出版社
	(200001　上海福建中路193号)
发　　行	上海人民出版社发行中心
	(200001　上海福建中路193号)
印　　刷	上海盛通时代印刷有限公司
开　　本	787mm×1092mm　1/32
印　　张	8.75
字　　数	146千字
版　　次	2020年1月第1版
印　　次	2020年1月第1次印刷
ISBN	978-7-5486-1586-6/B·61
定　　价	48.00元